CONTES
ET
APOLOGUES

CONTES
ET
APOLOGUES

DESSINS
De MM. Frédéric et Félix Régamey
Gravés
Par MM. Gillot et Michelet

Imprimé par Charles Hérissey, d'Évreux
Sous la direction
De M. Frédéric Régamey

Il a été tiré pour les Amateurs
40 exemplaires numérotés
sur papier des manufactures impériales du Japon

LÉON RIFFARD

CONTES
ET
APOLOGUES

Illustrés de 150 dessins, dont 12 Portraits de Contemporains

PAR

Frédéric RÉGAMEY

PARIS
LIBRAIRIE HACHETTE ET Cie
—
1886

PRÉFACE [1]

Il est difficile et peut-être dangereux de publier des fables après La Fontaine. Et pourtant, malgré les écueils, il n'y a pas de genre plus vivant et plus souriant que la fable. Enfermer dans un cadre étroit un petit drame, et, d'un trait juste et fin, dessiner un tableau; ici, composer une épopée en raccourci, et là, un paysage en miniature; donner la vie à des personnages divers, vrais comme la réalité, et charmants comme la fantaisie, faire trotter la fourmi et chanter la cigale, rugir le lion et bourdonner l'insecte; au milieu de ce tumulte des voix humaines, si souvent confuses et discordantes, évoquer, comme un sage de l'Inde, le bon vieux temps où les bêtes parlaient, elles aussi, et disaient aux hommes d'excellentes choses; ani-

[1] Extrait du *Journal des Débats* (21 mars 1882).

mer les arbres, les plantes, les pierres elles-mêmes et tirer des cailloux du chemin une étincelle de vérité ; entourer les acteurs de cette comédie à cent actes du décor éternel de la nature, peindre d'un mot les eaux vives et transparentes, les bois, les champs, les prés, le ciel et la terre :

Qui ne prendrait ceci pour un enchantement ?

être, avec cela, un moraliste sans aigreur, mais non sans malice ; joindre le précepte au conte, et instruire, sinon corriger, ses lecteurs en les amusant : s'adresser du même coup aux enfants qui sont déjà de petits hommes, et aux hommes, qui sont parfois de grands enfants ; se laisser aller devant eux et avec eux au charme de la rêverie, et, partant du sujet le plus humble, le plus terre à terre, monter d'un vol insensible et léger vers les beaux nuages, voilà tout ce que la fable permet, ou plutôt tout ce qu'elle a permis à La Fontaine, mais ce que nous ne pouvons espérer ni essayer, nous autres, qu'après lui, d'après lui, et jamais comme lui.

M. Riffard ne s'est pas laissé décourager par le maître inimitable. Il a pensé sans doute, comme l'écrivait La Fontaine à son ami le bon chanoine Maucroix, que

Ce champ ne se peut tellement moissonner
Que les derniers venus n'y trouvent à glaner.

Il y a glané à son tour et fait sa gerbe. Il faut le louer de sa récolte et le remercier de son présent. On nous dit que M. Riffard est sous-préfet de Mantes « la Jolie » à la manière de celui d'*Alphonse Daudet*, que les bois appellent, que les violettes attirent, que le vieux merle du jardin de la sous-préfecture connaît pour n'être pas méchant, et qui fait des vers en se rendant à un comice agricole. Au vrai, pourquoi un sous-préfet ne serait-il pas, à ses moments perdus, un fabuliste? « Ces deux emplois sont beaux » et il n'y a pas incompatibilité. La Fontaine était maître des eaux et forêts à Château-Thierry, quand il commençait, tout en remplissant tant bien que mal ses fonctions, à rêver ses fables. Les eaux et les forêts ont dû l'inspirer de bonne heure, à son insu, et sa charge n'a pas nui à sa vocation. Bien que M. Riffard soit sous-préfet, ou peut-être à cause de cela, il s'est interdit la fable politique. Il y a cependant plus de politique qu'on ne croit dans les douze livres de La Fontaine. Et, de nos jours encore, en prenant au maître, pour les habiller à la moderne, quelques-uns de ses personnages, toujours vivants, compère le renard, par exemple, normand ou gascon, ne pourrait-on pas, très honnêtement, en toute décence, mais en toute franchise, imaginer des fables politiques qui ajusteraient à nos idées et à nos travaux le vieil apologue?

Le monde n'a jamais manqué de charlatans

est un vers de *La Fontaine*, qui n'a pas vieilli. Les Frelons et les Mouches à miel, ou, en d'autres termes, les parasites et les laborieux, ceux qui bourdonnent et ceux qui travaillent, les Membres et l'Estomac, les Grenouilles qui demandent un roi, le Renard et les

Raisins, ces raisins qui seront toujours trop verts pour ceux qui ne savent pas ou ne peuvent pas les atteindre, le Chameau et les Bâtons flottans :

De loin c'est quelque chose et de près ce n'est rien ;

autant de sujets tout indiqués et que nous prenons à la volée dans les premiers livres. Les Voleurs et l'Ane :

L'âne, c'est quelquefois une pauvre province,
Les voleurs sont tel ou tel prince,
Comme le Transylvain, le Turc et le Hongrois,

en changeant les noms, pas tous peut-être, n'est-ce pas de la politique internationale ? Sans doute « tout est dit », mais on peut le redire. On ne vient jamais trop tard : on vient toujours après quelqu'un et après quelque chose. L'important est de venir — et d'arriver, — de dire son mot et de jouer son rôle, si on le peut, sur ce théâtre de la vie, dont les acteurs changent, mais dont la fable reste la même, ou à peu près.

Le petit livre de M. Riffard est le bienvenu. Je lui sais gré tout d'abord d'avoir choisi des sujets connus et simples. Il nous présente ses fables clairement et modestement, sans rien d'apprêté ni de doctoral dans le titre. On peut être précieux ou pédant rien que dans l'annonce d'une fable. Préciosité et pédantisme, ce sont les deux défauts que je reprocherais aux imitateurs de La Fontaine, et surtout aux fabulistes étrangers. C'est justement par des qualités toutes contraires d'art sans arti-

PRÉFACE

fice et sans prétention, que La Fontaine a mérité d'être appelé « Bonhomme ». N'est pas bonhomme qui veut en ce sens et de cette façon. Je ne m'accommoderais point d'un fabuliste érudit qui se piquerait de prendre ses sujets dans une zoologie trop savante et dans une botanique trop compliquée. Le fabuliste doit avoir sa ménagerie et son jardin à la portée du savoir de tout le monde. Il faut encore (et ceci est une des lois du genre) que le titre seul prépare avec intelligence et contienne avec exactitude toute la fable pour qu'elle dispose notre curiosité et se grave ensuite, avec ce titre en grosses lettres, dans notre mémoire. C'est donc quelque chose que le choix d'un sujet, et c'est un mérite d'avoir bien choisi.

Ainsi, à la première annonce du sujet, à la seule lecture du titre, dans le petit recueil de M. Riffard, on sait tout de suite à quoi s'en tenir, ce qui est toujours agréable, on est averti, et un bon averti en vaut deux, disent les proverbes, qui sont, avec les fables, le meilleur de l'expérience humaine et de la sagesse des nations. La Revanche de la Cigale, la Revanche de la Fourmi, le Rossignol et les Crapauds, le Cheval et l'Olivier, l'Epi et le Bleuet, la Flûte et le Tambour[1], la Sauterelle et le Grillon, même la Sensitive et le Mimosa, cela est simple, clair, dit ce qu'il faut et laisse entendre le reste très aisément.

Nous en dirons autant des personnages de ces fables. Tout le monde connaît le récit charmant du prince de

---

[1] Cette fable, qui figurait dans une édition précédente, a été supprimée par l'auteur.

Ligne où un vieux lapin qu'il a tenu au bout de son fusil et qu'il a laissé vivre, lui promet de lui dire ce qu'il disait à La Fontaine et de le mener chez ses vieux amis. « *Il m'y mena en effet. Sa grenouille, qui n'était* « *pas tout à fait morte, était de la plus grande modestie,* « *en comparaison des autres animaux que nous voyons* « *tous les jours ; ses crapauds, ses cigales chantaient* « *mieux que nos rossignols ; ses loups valaient mieux que* « *nos moutons.* » *Comme le prince de Ligne, M. Riffard a certainement passé sa vie avec les bêtes du bonhomme. Quelques-unes même se sont corrigées en vieillissant. La fourmi est devenue moins avare et la cigale a fini sa vie de bohème, ou du moins M. Riffard nous le dit et nous le croyons. Un jour d'orage, la cigale a sauvé la fourmi qui se noyait, et la fourmi, après avoir réparé sa maison et son office avariés par ce déluge, a hébergé son* « *emprunteuse* ». *La cigale s'était endormie sur sa bonne action ; elle s'éveille, les yeux gros, et en appétit.*

> Aussitôt la fourmi qui guettait ce réveil
> Lui dit gaîment : Allons, commère,
> A table ; vous voyez que j'ai mis le couvert.
> Notre repas sera rustique,
> Mais j'espère bien qu'au dessert
> Vous nous ferez de la musique.

En dehors de ces personnages de notre connaissance, de ces « *bêtes du bonhomme* » *dont M. Riffard a changé le caractère et le langage, son rossignol qui donne un concert à des crapauds, et son épi mûr qui inflige une leçon de*

PRÉFACE

modestie à la fleur coquette du bleuet, sont aussi des créa=
tures parlantes, de petits êtres bien vivans et bien disans
qui ne sont pas dans La Fontaine, mais que La Fontaine
n'eût pas reniés. De même sa Jeanneton, dans la jolie
fable de la Cruche, est un peu cousine de la fermière
Perrette, du Pot au Lait.

> Sur sa tête une cruche pleine,
> Jeanneton, droite comme un I,
> Un bras ballant, l'autre arrondi,
> S'en revenait de la fontaine.
> . . . .
> Les coquelicots, les bleuets,
> En voyant passer la fillette,
> Se disaient entre eux, les pauvrets !
> « C'est de l'eau qu'elle a sur la tête.
> Il en faudrait peu, presque pas !
> Pour calmer notre soif ardente.
> Une goutte suffit, hélas !
> A sauver une fleur mourante. »
> . . . .
> Mais elle était pressée et ne s'arrêtait pas.
> Un chardon indigné se lève dans la sente
> Sous les pieds nus de la méchante,
> Piquée elle fait un faux pas,
> Et patatras !...

*Nous aurions voulu tout citer, ou presque tout de cette
fable vive et bien menée, car, en matière de poésie, un
commentaire ne vaut pas une citation. Ce court fragment
suffira sans doute à donner l'idée de la manière de
M. Riffard, de la mise en scène de ses acteurs, de la
touche de ses portraits et de la conduite de son récit. Notre*

seul mérite est de l'avoir lu, notre seule ambition de le faire lire, et peut-être le louerions=nous davantage s'il avait besoin d'être loué.

M. Riffard n'a pas seulement créé ou traité des sujets et fait vivre des personnages, originaux ou intéressants. Il est encore, il est surtout un paysagiste.

On sait combien La Fontaine excelle à peindre dans un mot un paysage entier.

L'onde était transparente, ainsi qu'aux plus beaux jours.

Nous ferions aujourd'hui une page avec un vers comme celui-là.

> Le moindre vent qui d'aventure
> Fait rider la face de l'eau.

Un moderne, un descriptif, mettrait des frémissemens, des frissonnemens, des « foisonnemens » et peut-être, hélas ! des « grouillemens » dans cette jolie ride qui court et s'efface. Les grands classiques du dix=septième siècle (et le leur a-t-on depuis assez reproché !) n'étaient pas des descriptifs. Nous, au rebours, nous usons et nous abusons volontiers de la description, qui est un peu, il faut bien le dire, la ressource des littératures fatiguées. M. Riffard est donc moins sobre et moins rapide dans ses paysages que le vieux La Fontaine. Mais comme il est homme d'esprit et de goût, comme il sait se borner, et par conséquent écrire, s'il fait la bonne mesure aux descriptions, du moins il ne la dépasse jamais. La pièce n'est pas faite pour le décor, mais le décor, qui est en somme *l'accessoire, pour la pièce. Après tout, et quand on voudrait être sévère, on ne pourrait voir dans ce luxe du décor chez M. Riffard qu'un genre et qu'un procédé nouveau, celui de la fable descriptive, où le défaut même, s'il y en a un, est restreint par la dimension du cadre.*

La description dans la fable, voilà en effet le mérite propre et l'heureuse originalité de M. Riffard. On dirait qu'il a composé ses apologues en plein air et en pleine nature, au pied d'un arbre de forêt, sub tegmine fagi, ou sur le bord d'un gentil ruisseau égayé par de vieux saules ; à la chasse qui, « ainsi comprise, devient un admirable exercice, » portant un fusil peu meurtrier, mais prenant les vers à la pipée ; à la pêche, surveillant une ligne inoffensive, tout en accrochant une rime qui le fuyait ou en levant un léger croquis. Un rien charme ce passant qui sait regarder, ce rêveur épris de la grâce secrète des solitudes. La promenade la plus courte et la plus banale a de ces surprises pour les amoureux et pour les poètes ; il suffit d'un brin de mousse et d'un filet d'eau, d'un oiseau qui chante, d'un nuage qui passe, d'un toit qui reluit au soleil, ardoise ou chaume, pour que l'imagination s'égaie et que le lutin de la description, qui est un des petits génies de la fable, vienne vous tirer l'oreille.

> O gentille maison proprette
> Assise à l'angle du chemin,
> Simple, point grande, point coquette,
> Au milieu d'un petit jardin.
> Un jardin ? Non, une corbeille

PRÉFACE

Avec du sable tout autour...
. . . .
Le Ru coule sur la lisière
Au couchant, d'un air paresseux,
Sous un toit festonné de lierre
Le lavoir se dérobe aux yeux.
Mais quand le soir, rouge fournaise,
S'allume derrière les ifs,
L'eau luit... On dirait d'une braise
Tombée au travers des massifs.

La maison est ouverte et la porte accueillante. M. Riffard ne craint pas d'entrer familièrement, en curieux et en artiste, et nous entrons volontiers avec lui. Rassurez-vous : ce n'est pas un inventaire, long et prolixe, comme en font les descriptifs à outrance qui ne sont bien souvent que des notaires ennuyeux. C'est une peinture d'intérieur, exacte mais sobre, à la manière de ces Hollandais qui ont un sentiment si juste et si fin des choses domestiques, et font tenir, sans remplissage et sans confusion, tout un petit monde sur une petite toile. La description la plus minutieuse peut être inutile et fatigante si elle ne donne pas le sentiment avec le détail, l'âme avec le corps, la vie même avec la réalité. Sans cela, on est un photographe et non un peintre ; on dresse un appareil et on obtient des clichés ; on n'a ni la couleur, ni le mouvement. M. Riffard le sait bien et il ne se contenterait pas de photographies froides et incolores. Sans doute il représente ce qu'il a vu, mais en l'animant d'un souffle, en l'éclairant d'un rayon. Maison ou étable, bêtes et gens, la sente, la mare,

PRÉFACE

la cour, la charrue, qui, abandonnée au milieu du labour, montre à l'angle du champ son Y immobile, et il nous intéresse à tout, parce que sa description n'est ni sèche, ni matérielle, mais toujours émue, et que nous ressentons nous-mêmes cette émotion.

Un autre écueil de la description, après la minutie du détail, est la bizarrerie du vocabulaire. La plupart de nos descriptifs, en vers ou en prose, usent ou abusent aujourd'hui de néologismes étrangers, de mots à effet, imprévus et violents, d'adjectifs criards, bariolés, et qui jettent, comme on dit, de la poudre aux yeux, poudre d'or, si l'on veut, mais qui aveugle. C'est une mauvaise condition pour voir et pour lire que d'être ébloui. Avec M. Riffard on n'a point à redouter de pareils artifices ; on ne trouve pas chez lui ce que Buffon appelle si judicieusement « de ces étincelles qu'on ne tire que par force « en choquant les mots les uns contre les autres, et qui ne « nous éblouissent pendant quelques instants que pour « nous laisser ensuite dans les ténèbres. » Sur la trame unie d'une phrase simple et vraiment française les mots en relief se détachent nettement, chacun gardant son sens précis et sa valeur réelle. Nul ne brille et n'éclate aux dépens du voisin, tant la distribution de la lumière est égale et douce. De là un charme de couleur qui s'insinue sans violence et qu'on sent d'autant mieux à la longue que rien n'a tiré le regard ni brusqué l'attention. On est arrêté, sans effort, et retenu sans étonnement. On trouve toute naturelle et bien à sa place une description ainsi traitée et *il semble qu'elle ferait un vide ou une ombre en disparaissant.*

Nous voilà bien loin assurément de la fable « gnomique » et moralisante. Mais le bon La Fontaine ne s'écarte-t-il pas pour détrôner le Sophi ?... etc.

Pourquoi ne s'écarterait-on pas à son exemple, pour décrire avec complaisance, tantôt cette heure du crépuscule où la faucille d'argent de la lune monte dans le sousbois, derrière les arbres, et où les lapins, sur la clairière inondée par un rayon blanc, courent et bondissent comme de petites ombres ; tantôt le chant du rossignol, qui,

> Déployant tout-à-coup sa voix,
> Prélude par une cadence :
> Un trille velouté, perlé, délicieux,
> Fait pour bercer la rêverie ;
> Puis il élève vers les cieux
> Un chant divin, une élégie,
> Pure comme la nuit, tendre comme l'amour ;

tantôt enfin le givre qui suspend sa fine dentelle aux branches des buis, et ses cristaux légers aux broussailles tremblantes, fleurit sur les poiriers en quenouille et sur la pointe de l'herbe des prés ; la neige qui tombe dans l'air gris et couvre la campagne d'hiver d'une ouate blanche : le grand soleil de Provence étincelant et vermeil dans le ciel bleu ? Le colombier, avec son air de pagode indienne ; le vieux moulin où l'on est allé enfant et dont l'image est restée comme celle d'un coin heureux où l'on voudrait vivre, si l'on pouvait ici-bas vivre où l'on veut,

Plein de gaîté le jour, le soir, mélancolique,
Silencieux, malgré le murmure de l'eau ;

M. Riffard nous fait voir tout cela, comme il l'a vu, avec des yeux de peintre et de poète, et nous oublions un peu la fable pure, c'est-à-dire le sujet, les personnages et la morale elle-même, pour le regarder avec lui. Un joli tableau ne vaut-il pas une bonne leçon ?

Lui cependant n'oublie ni la leçon ni la morale, qui sont l'âme même de l'apologue. Sa morale est douce et indulgente, ce qui est pour moi un attrait de plus.

Je sais bien que les pessimistes sont à la mode. Il nous en est venu de partout, pendant ces dernières années, d'Italie et d'Allemagne. Il en a poussé jusque chez nous, dans ce pays vivant, malgré tout, et bien vivant dont le génie national est pourtant fait de bon sens et de bonne humeur.

On nous prêche et on nous crie que nous sommes un peuple en décadence ; que nous valons moins que nos pères, ce qui est bien possible, et que nos enfants vaudront encore moins que nous, ce qui, grâce à Dieu, n'est pas prouvé. On gémit que tout s'en va, les mœurs et les croyances, le respect des vieillards et les illusions des jeunes gens. On le disait déjà du temps d'Homère, et Nestor, qui avait vu trois générations, regrettait les hommes de son printemps. Prenons garde d'imiter cette marquise de l'ancien régime qui se plaignait que les œufs de poule fussent moins gros depuis la Révolution. Sans voir le monde avec des lunettes noires, comme les mécontents, ni avec des lunettes roses, comme les satisfaits, voyons-le tel qu'il est, avec de bons yeux, et tâchons de le rendre meilleur en nous corrigeant, à l'occasion. Pour cela soyons indulgents aux autres et durs à nous-mêmes. Profitons des leçons de la vie et des avertissements de la fable. Soyons simples et bons, droits et tendres. Tout un gros livre de philosophie désolée ne vaut pas une morale consolante et fortifiante, comme celle-ci que j'emprunte à M. Riffard, dans la fable de la Sensitive *et du* Minosa : *c'est un fils qui parle à son père et le remercie d'un bon conseil.*

>Les Mimosas sont bien heureux !
>J'essaierai de faire comme eux.
>Tu verras, j'aurai l'âme forte :
>En moi la Sensitive est morte.
>— Bravo, mon fils ! les nerfs, l'humeur,
>Ne sont jamais que trouble-fête.
>Va, ne te monte plus la tête :
>Contente-toi d'avoir du cœur.

La force de caractère, la franchise, la modestie, la bonté, l'amour du travail, voilà les vertus simples et viriles que M. Riffard nous recommande après La Fontaine, qui les tenait d'Ésope, doucement et sans éclat de voix, comme un homme qui est sûr d'avoir raison. Il n'y a que les énergumènes et les charlatans qui aient besoin d'enfler le ton et de faire de grands gestes. Il n'y a d'autre part que les hypocrites qui aient « un ton radouci et des cli-

gnements d'yeux » pour duper les sots. La vérité a la voix tranquille et posée comme le visage. Les vrais moralistes, et M. Riffard est de ceux-là, ne sont ni des blasés que le monde ennuie et qui cherchent à en dégoûter les autres ; ni des sceptiques qui doutent de tout, excepté d'eux-mêmes, ni des habiles qui savent le Jeu et travaillent à en retirer leur épingle ; ni enfin des naïfs qui s'enrouent à prêcher dans le désert, par amour de la prédication. Ce sont d'honnêtes gens qui essaient bonnement de se rendre utiles par leurs actes et par leurs paroles, par leurs exemples et par leurs préceptes. C'est en cela que les fables sont un excellent cours de morale pratique, le plus agréable et le plus instructif que nous sachions. Chacun peut s'y retrouver et s'y reconnaître, ou y reconnaître son voisin, ce qui est le commencement de la sagesse. Chacun peut y faire son profit d'une critique ou d'un conseil, d'un reproche ou d'un encouragement. « Revenons à nos anciens dieux » dit M. Riffard dans une pièce d'envoi à un vieil ami. Ces anciens dieux sont la Poésie, la Musique et l'Amitié.

> Les élans généreux de l'âme,
> Les sereines convictions,
> La haine des sots et la flamme
> Des saintes indignations !
> Vieillissons ainsi ! Dans la vie
> Avançons, maître, à pas égal,
> Épris de même fantaisie,
> Amoureux de même idéal !

On le voit, il y a encore de braves gens et de bons livres

dont le commerce est agréable et la lecture saine. Leur défaut est d'être modestes ; mais cette modestie même donne plus de prix à la rencontre et plus de charme à la découverte.

La feinte est un pays plein de terres désertes,

a dit *La Fontaine*. Modestement et heureusement, M. Riffard en a défriché un coin nouveau.

HENRI CHANTAVOINE.

DÉDICACE

PIERRE DESCHAMPS

Ceci n'est point une préface.
— Au diable la prétention !
Tout au plus une dédicace,
Rimée à votre intention ;

Deux mots seulement pour vous dire :
Voici les vers que vous savez ;
Maintenant vous pouvez les lire [1] !
J'ai presque dit : vous le devez.

Qu'ils soient bons ou mauvais, n'importe !
Traitez-les comme vos enfants.
Tenez, ils frappent à la porte !
« Monsieur Deschamps, monsieur Deschamps !

---

[1] On reprochait à l'auteur de ne pas être lisible.

DÉDICACE

« Ouvrez ! il fait dans la ruelle
Un vent de chiens, un froid de loups !
En voyant notre ribambelle,
Personne n'a voulu de nous.

« Les cailloux, les ronces cruelles
Ont meurtri nos pieds, nos genoux.
Nos membres sont transis, nos ailes
Dégouttent de pluie, ouvrez-nous !

« Nous venons avec confiance
A ce seuil doublement béni,
Où deux sœurs, Musique et Science,
Se cachent comme dans un nid.

« Les fleurs y sont comme chez elles,
Sitôt que le printemps a ri.
Vers et moineaux battent des ailes
Autour de ce panier fleuri !

« Mais c'est l'hiver : mille étincelles
Brillent dans l'âtre ! Laissez-nous
Chauffer nos doigts, sécher nos ailes,
En nous hissant sur vos genoux.

« Ce sera la fin de nos transes !
Et nous ne serons pas méchants.

DÉDICACE

Ne craignez rien pour vos faïences !
Ouvrez, mon bon monsieur Deschamps. »

Eh bien, mon cher, que vous disais-je ?
Ouvrez-leur, vous êtes connu !
Et que votre amitié protège
Ce petit monde, hélas! tout nu !

LIVRE PREMIER

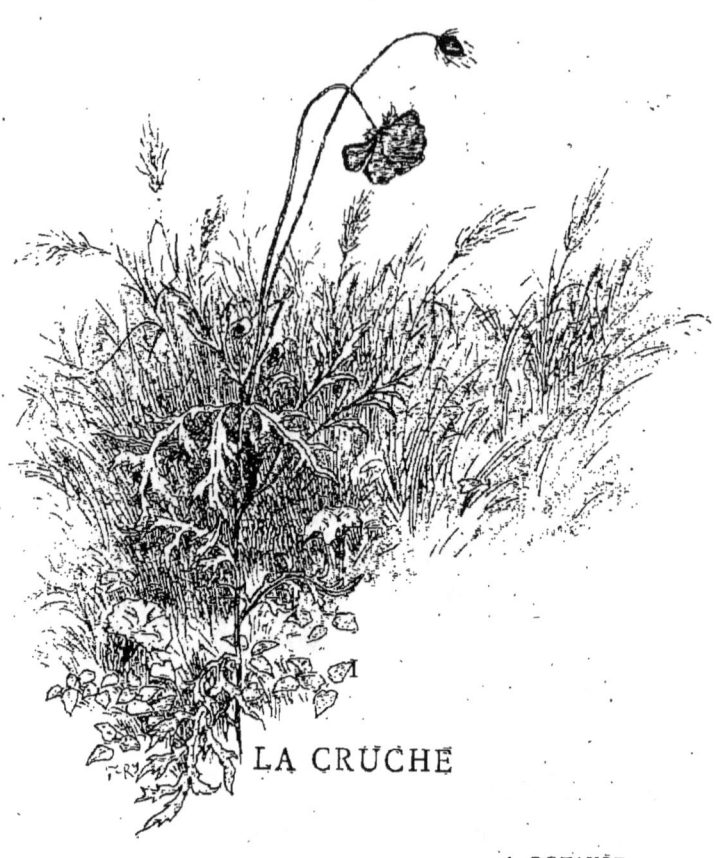

LA CRUCHE

A OCTAVIE

Sur la tête, une cruche pleine,
Jeanneton, droite comme un I,
Un bras ballant, l'autre arrondi,
S'en revenait de la fontaine.
Il était midi. Quel soleil !
Pas une ombre, pas une haleine !
Tout était brûlé dans la plaine.
Seul, au milieu du blé vermeil,
Comme en un cadre non pareil,

Riait, dans la clarté sereine,
Le vert massif de la fontaine.
Et Jeanneton, à petits pas,
Au travers des moissons avides
Allait, portant pour le repas
Son vase en grès, aux flancs humides.
Les coquelicots, les bleuets,
En voyant passer la fillette,
Se disaient entre eux, les pauvrets !
« C'est de l'eau qu'elle a sur la tête.
Il en faudrait peu, presque pas !
Pour calmer notre soif ardente.
Une goutte suffit, hélas !
A sauver une fleur mourante.
Et la cruelle passe ainsi,
Sans broncher, sans tourner la tête.
De nous elle n'a pas souci,
A moins que ce ne soit pour fleurir sa toilette,
Vienne dimanche ou jour de fête. »
Un glayeul, à moitié flétri,
Plus malade, ou bien plus hardi,
Lui dit enfin dans son langage :
« Avant de rentrer au village,
O mignonne, laisse tomber,
Par le goulot de cette jarre,
Un peu d'eau. Ne sois pas avare :
Tu vois, nous allons succomber.
D'ailleurs, tu n'auras pas la peine

De retourner à la fontaine.
Rien qu'un peu, pitié ! presque rien.
Et ta cruche restera pleine. »
Jeanneton le comprenait bien ;
Car, enfant, en gardant les vaches,
Au bord des blés, sur les talus
Pleins de mauves et de bourraches,
Elle avait deviné le langage confus
Que les fleurs, laides comme belles,
Dans leurs hymens, dans leurs querelles,
La brise aidant, se chuchottent entre elles.
Mais elle était pressée et ne s'arrêtait pas.
Un chardon, indigné, se lève dans la sente
Sous les pieds nus de la méchante.
Piquée, elle fait un faux pas,
      Et patatras !...
La cruche glisse, quel déboire !
Tombe, se casse, échappée à la main,
Et l'eau coule à long flots. L'autre chante victoire :
« Ah ! tu ne voulais pas, dit-il, nous laisser boire.
Eh bien ! vois, à tes frais nous allons prendre un bain.

Nous sommes tous pressés, plus ou moins, dans la vie.
Par des chemins plus ou moins doux,
Sur la tête nous portons tous,
Qu'on nous plaigne ou qu'on nous envie,
Une cruche fragile, hélas !

Qui peut glisser à chaque pas :
C'est celle de nos jours. Cependant qu'elle est pleine,
Sachons à l'appel du malheur
Nous arrêter, s'il faut, un instant dans la plaine.
— Oui, mais le temps perdu, mon intérêt ! — Erreur !
Pauvres calculs que ceux de la prudence humaine !
L'inspiration de ton cœur
Est encore la plus certaine.

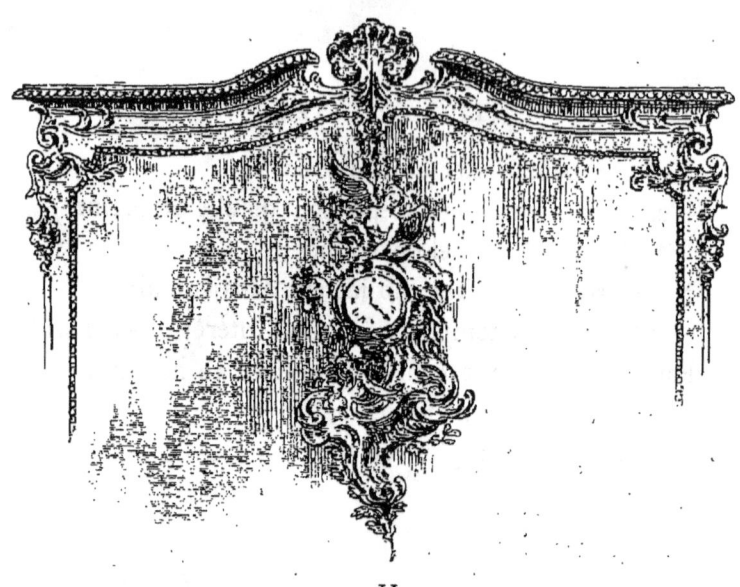

II

LE CARTEL ET LA GUITARE

A M. GASTON BOISSIER
de l'Académie Française.

Dans un riche salon, vieux style, meuble rare,
Un cartel appendu, non loin d'une guitare,
Au trumeau d'une glace, à la place d'honneur,
Disait à l'instrument, en son tic-tac moqueur :
« A quoi sers-tu ? Quelle est ton importance ?
Tes flancs ne manquent pas d'ampleur, ni d'élégance,
　Mais ils sont creux. Regarde-moi,
　Et tu verras la différence.
　Non, je ne crois pas, sur ma foi !
　Que jamais l'industrie humaine
Ait réalisé rien, en fait de phénomène,
Qui puisse soutenir quelque comparaison

Avec un cartel suisse et de bonne maison !
    J'indique chaque lunaison
    Et jusqu'au jour de la semaine.
On n'imagine pas, ma chère, les ressorts,
    Les tenons, les crans, les rouages,
    Les chaînes et les assemblages,
Dont l'homme, en me créant, sut animer mon corps.
    Car ce merveilleux mécanisme,
Qui bat comme le cœur, le cœur, divin travail !
N'est-il pas, à vrai dire, un vivant organisme,
    Avec un visage en émail ?
    Et quelle mission, quel rôle !
Toute la maisonnée est soumise à ma loi :
    Repos, promenades, école,
C'est moi qui règle tout. J'ordonne, je contrôle,
    Et rien ne se fait sans moi.
    La nuit même, ma sonnerie
    Ne permet pas que l'on m'oublie.
    Que de fois, en frappant l'ouïe
Du dormeur qui s'agite au moment du réveil,
    Captivé par sa rêverie,
    Elle dissipe le sommeil
Mieux que le chant du coq, qui n'est que vieillerie.
Et souvent, sans pitié pour vos amusements,
Etant l'ennemi né de tous les *passe-temps*,
    J'ai dû mettre fin à tes chants !
      — Barbare,
Murmura tout bas la guitare,

Tu te vantes de tes rigueurs
Comme d'un service rare,
Et m'en veux d'y mêler parfois quelques douceurs !
Abrégeant les plaisirs, allongeant les douleurs,
Tu fais le plus cruel des métiers. Que de pleurs
Le moindre de tes pas en avant, la seconde !
Fait couler partout à la ronde !
Et pour combien, hélas ! elle sonne la mort.
Va, je n'admire pas ton sort.
Te voilà dans cette demeure
Comme moi, depuis deux cents ans.
As-tu rendu ses habitants
Plus contents ?
Sans trêve, ni pitié, tu comptes leurs instants,
Implacable valet de ce bourreau, le Temps !
Chaque fois que tes tintements
Font, malgré moi, vibrer mes flancs,
Je crois entendre un glas qui pleure !
Tu gâtes le plaisir de tous ces braves gens
Avec tes avertissements :
Moi, je leur fais oublier l'heure.

III
LE CHEVAL ET L'ANE
SE RENDANT EN PÈLERINAGE A LA MECQUE

A MON NEVEU JEAN

Du temps où les bêtes parlaient,
— Où les hommes savaient se taire ! —
L'Ane et son compagnon, le Cheval, s'en allaient
Libres, à travers champs, par monts et par vaux : « Frère,
   Dit le Cheval, un beau jour, au Baudet,
Il faut que je te mette au courant d'un projet,
Qui depuis quelques jours me trotte par la tête.
   Si tu veux, quand viendra la Fête,
Nous irons visiter le tombeau du Prophète,
   Comme il convient à tout cheval pieux,
Et même à tout baudet, un peu religieux.

J'ai fait vœu d'accomplir ce saint pèlerinage.
    Le voyage
Sera plus agréable à deux. »
  L'Ane lui répondit : « Sans doute
   Le projet m'agrée, entre nous,
Mais avez-vous prévu les ennuis de la route ?
   Les privations, les dégoûts.
   C'est peut-être bien dur pour vous.
   — Comment, je ne pourrais pas faire
Ce que fait tous les jours un simple dromadaire !
Que dis-je ?... ce que fait un âne comme toi !
    Pourquoi ?
— Vous fûtes trop heureux, trop choyé dans la vie.
Que deviendriez-vous sans farine, sans foin ?
   Sans étrille !... — Quittez ce soin.
J'ai pu jusqu'à ce jour, au gré de mon envie,
   Me passer mainte fantaisie,
Me donner du bon temps, satisfaire mon goût ;
   Pourquoi se priver après tout ?
Mais, vienne le moment de faire pénitence,
Personne autant que moi n'aura de l'endurance.
La volonté suffit. — L'habitude vaut mieux. »
Ils partent au jour dit. Le soir, une prairie,
    Drue et fleurie,
Offrit aux voyageurs un repas copieux,
   En même temps qu'un lit moelleux.
   « Eh bien, qu'en dis-tu, camarade ?
On croirait que le ciel bénit notre escapade.

— C'est vrai, fit le grison de sa voix de Stentor,
  Ce pré-là vaut son pesant d'or. »
  Et pendant que l'autre gambade,
  Caracolant, cabriolant,
  Et détachant mainte ruade,
  Il ne perd pas un coup de dent.
  A la guerre comme en voyage,
    Quiconque est sage
  Doit s'empresser d'en faire autant.
    L'aurore
  Le trouva qui broutait encore.
  Le cheval s'était endormi,
  « Allons, il faut partir, ami !
L'étape sera rude aujourd'hui. Les prairies
Ne vont guère plus loin. Là-bas, c'est le désert !
  Pas d'herbage, pas de couvert.
Il ne faut pas compter sur les hôtelleries. »
On chemine gaiement. Le cheval dit : « J'ai faim. »
Il regarde à l'entour : pas le moindre brin d'herbe !
« Que c'est beau, le désert ! quelle ligne superbe !
— Je donnerais tout ça pour un morceau de pain.
    — Courage, ami cheval, courage !
      Je gage
Que presque à mi-chemin nous serons demain soir.
Voyez-vous ce palmier, qu'aucun souffle ne bouge,
  Et qui s'enlève, d'un trait noir
  Au bord du ciel rayé de rouge ?
Eh bien ! d'une eau limpide il indique le cours.

Et voici d'autre part un peu de nourriture. »
    Il dit, et, quittant le chemin,
    Descend un peu, plein d'allégresse,
    Et cueille avec délicatesse
Un chardon aperçu dans le creux d'un ravin.
    « Tenez, la plante est un peu rude,
  Mais nourrissante, et pleine de saveur. »
Le cheval, affamé, répond avec hauteur :
« De manger des chardons je n'ai pas l'habitude !
— Ah ! Et la volonté ? Qu'en faites-vous, seigneur ?
Bien vite, croyez-moi, retournez en arrière,
Car vous tomberiez mort au bout de la carrière.
    Remontez le lit du ravin :
Il va vous ramener vers les prés. N'ayez crainte.
Faites-y bonne chère, engraissez-y sans plainte.
Quand on veut pénétrer jusqu'à la cité sainte,
Il faut savoir manger des chardons en chemin. »

MOUTONS ET CHIENS

A FÉLIX RÉGAMEY.

Maintenant les épis sont coupés. C'est fini.
Les rudes moissonneurs, les lieuses alertes
Peuvent se reposer. Dans le guéret jauni
On voit rire déjà de larges plaques vertes.
Tant mieux. Au petit jour le troupeau va venir,
Parmi le chaume aigu, dont le sol se hérisse,
Il sait du bout des dent démêler et saisir
Le gramen délicat, qui, plus bas, le tapisse.

La récolte est rentrée. Adieu, les travailleurs,
Reprenez le chemin des alpestres bourgades
En chantant. Le berger qui descend des hauteurs,
Où, depuis le printemps, il a fui les chaleurs,

Les croisé dans la route : *Adesias*, camarades !
Le voilà de retour, l'indolent pastoureau,
Roi des sommets hier, aujourd'hui de la plaine.
Il rentre dans nos champs, comme sur son domaine,
Escorté de ses chiens, au son du chalumeau !...
   Et, pour compléter le tableau,
Messire Aliboron, qui porte le bagage,
Chante, et saute de joie, en sentant son village.

Un jour, l'hiver dernier — c'était la Chandeleur —
Assis au coin d'un champ, sur une grosse pierre,
Jean gardait ses moutons, et pensait, tout songeur,
Au pays de là-haut, que fleurit la bruyère.
Ses chiens, trois montagnards du type le plus beau,
Graves, montaient la garde à l'entour du troupeau :
Chacun gardant son bord, l'œil fixé sur la ligne
Interdite aux moutons, car telle est la consigne.
Et si quelque brebis, attirée au delà,
Semble vouloir franchir la lisière, holà !
Vite, un temps de galop, et tout rentre dans l'ordre.
On ne se gêne pas au besoin pour la mordre.
   Odieuse brutalité !
   Un mouton en fut révolté,
Un mouton jeune encore et de grande espérance.
   Entraîné par son éloquence
   Il s'écria : « Jusques à quand,
   Jusques à quand, moutons, mes frères !
L'homme abusera-t-il de nos mœurs débonnaires

MOUTONS ET CHIENS

Pour nous emprisonner, à chaque bout de champ ?
Moi, qui vaux mieux que lui, jamais fou, jamais ivre,
Comme ce prétendu maître de l'univers,
    Et qui n'ai pas besoin, pour vivre,
    De mettre le monde à l'envers.
Je proteste. Est-ce que c'est ma faute, si l'homme
N'a pas, ainsi que nous, une molle toison,
    Qui le couvre en toute saison ?
Il nous est inférieur. Eh bien, tant pis, en somme !

    Cela lui donne-t-il le droit
    De nous séquestrer à l'étroit
    Pour mieux nous tondre ?
Aujourd'hui notre laine, et notre sang demain ! »
Ainsi maître Robin, en train de nous semondre,
    Disait son fait au genre humain.
Pendant ce temps un loup, masqué par des broussailles,
Se coule en tapinois auprès de l'orateur,

Et fond sur lui soudain, en disant : « Les canailles,
　　Ils daubent sur leurs bienfaiteurs ! »
L'auditoire affolé se sauve pêle-mêle.
Mais les trois chiens, d'un saut, vous happent le larron.
　　« Justes cieux, je l'échappe belle,
Dit le jeune tribun, redevenu mouton,
　　Mon pauvre père avait raison :
Ne maudissons pas trop les chiens, et leur séquelle.
　　Décidément, les sergents ont du bon.

L'idéal d'un état vraiment démocratique,
　　N'admettant que les gens de bien,
Supprimera le loup, aussi bien que le chien.
　　Tous moutons, quelle République !

────

　　Certes, cet idéal est beau
　　Mais il n'offre rien de nouveau :
Il n'est rien de nouveau dans la machine ronde.
　　Demandez plutôt à Watteau
　　Dont la veine fut si féconde.
　　N'a-t-il pas, d'un coup de pinceau,
　　Animé tout ce petit monde,
　　Vêtu de soie, enrubanné,
　　Qui s'en va, mièvre et suranné,
　　Aux bords que le Lignon arrose,
　　Sur les sofas, dans les trumeaux,
　　Menant tous ces jolis troupeaux

Enguirlandés de bleu, de rose ?
Foin du loup ! Il n'est pas admis
Dans ces aimables paysages :
Tous les agneaux y sont bien sages ;
Tous les chiens y sont endormis ;
Et sans craindre pour sa toilette
Amaranthe peut tendrement
Ecouter les airs de musette
Dont la régale Glidamant.
On se demande seulement
Au sein de cette bergerie
Si, dans l'intérieur des maisons,
Dont on voit blanchir les pignons
Parmi la verdure fleurie,
Là-bas, derrière la prairie
Où vous paissez, gentils moutons,
Il n'est pas quelque boucherie.

LE MISTRAL ET LE NUAGE

A MON PÈRE

Au fond, de clairs ruisseaux coulent sous les pervenches
Le long des peupliers mêlés de chênes verts ;
Plus haut, les amandiers, dans leurs toilettes blanches,
Font rire le printemps au milieu des hivers.
Lavande et romarin sur les pentes arides
Déroulent leurs tapis de parfums et de fleurs ;
Et les cyprès, dressant leurs noires pyramides
Dans les feux du couchant, couronnent les hauteurs.
Coin charmant, toujours cher, d'un coup de sa baguette
Nature prit plaisir à former ta beauté,
      Rustique Montagnette,
Séjour du thym, patrie où mon cœur est resté !
O qui m'arrêtera sur tes âpres collines,

Montagnette, au-dessus de ce petit vallon,
Qui s'ouvre vers le Sud, en face des Alpines !
J'aperçois sous mes pieds le toit d'une maison
Dont la tuile reluit au travers du branchage :
C'est là ! voici la porte, et voici le canal.
Voici les deux grands pins, dont l'énorme feuillage
Chante pendant la nuit la chanson du Mistral.
Souvent, au temps jadis, ta sauvage harmonie
A bercé mon sommeil, ô terrible souffleur,
Qui tantôt à grands coups décharge ta furie,
Et tantôt emplis l'air d'une vague rumeur.
Qui donc es-tu, Mistral, vieux compagnon d'enfance
Que j'ai maudit souvent, et que j'aime à la fois ?
D'où viens-tu ? Qu'est-ce donc que cet archet immense
Que tu vas promenant au-dessus de nos bois ?
Formidables accords qu'emporte la rafale !
Que de fois, en rêvant, par une nuit d'hiver,
Au bord du chemin creux, sur ta noire cavale,
J'ai cru te voir passer, ménétrier d'enfer !
Mais le soleil revient à la fin. La nature,
Lui rit, comme échappée aux horreurs de la nuit.
 Tais-toi, Mistral, épargne la verdure,
Epargne les bourgeons : c'est le printemps qui luit !
  Va-t-en, va-t-en, vieux trouble-fête,
  Retourne aux combes du Ventoux.
  Va-t-en hurler avec les loups
  Chargés de garder ta retraite.
Voici le renouveau, ne nous romps plus la tête.

LE MISTRAL ET LE NUAGE

Certain jour, sans souci de la belle saison,
Ni des moissons qui doraient la campagne,
Le Mistral, échappé de sa sombre prison,
    Avait traversé la montagne.
    Debout sur le dernier coteau
  Il déployait déjà son aile immense
Pour se précipiter aux plaines de la Crau,
    Qui lui sert de salle de danse,
Lorsqu'un nuage blanc, qui flottait dans le bleu,
    Teinté de gris-perle et de rose
Lui dit : « Seigneur Mistral, excusez-moi si j'ose,
    Entre nous vous semondre un peu.
    Voyez tous ces champs qui verdoient ;
    Voyez tous ces blés qui poudroient.
    Que venez-vous donc faire ici,
    Si ce n'est causer du souci ?
    A cette nature embrasée
    Tout ce qu'il faut en ce moment,
    C'est la pluie ou bien la rosée.
    — Merci, merci du compliment,
    Gronda le Mistral en colère,
    Tu vas voir ce que je sais faire,
    Petit nuage téméraire !
        Arrogant,
Qui veut dicter des lois à l'ouragan ! »
    Il dit, et, d'une seule haleine,
Il pousse le nuage au bord de l'horizon.
« Cela ne prouve pas que vous ayez raison,

Repart l'autre ; à nous deux, monsieur Croquemitaine. »
Sitôt dit, sitôt fait. Le point blanc devient noir :
　　Ce n'est plus un simple nuage.
　　Il grandit, grandit ! se propage.
　　Comme en un vaste réservoir
　　　　Il ramasse
　　Les vapeurs flottant dans l'espace ;
　　Envahit les trois quarts des cieux,
En passant par dessus le Mistral furieux,
　　Et, maître de forces compactes,
　　Lâche sur lui ses cataractes.
　　En vain notre enragé souffleur
　　Se débat sous la douche immense,
　　Battant l'air avec violence,
　Sifflant, hurlant : Inutile fureur !
Son aile se détend. Réduit à l'impuissance,
Il fléchit, et poussant une horrible clameur
　　S'en va tomber dans la Durance !

Il n'était même pas besoin d'en faire autant :
　　Petite pluie abat grand vent.

VI

LA LUCIOLE

A UNE AMIE

Par une nuit d'un azur sombre,
Bien que piqué de feux sans nombre,
Une étoile montait au bord de l'horizon.
En même temps sur cette terre,
Entre quelques brins de gazon
Qu'il éclairait de sa faible lumière,
Un pauvre petit ver luisait à sa manière.
L'étoile lui dit : « Avorton !
Aussitôt qu'apparaît ma face radieuse,
Tu devrais t'empresser de souffler ta veilleuse.
Ce serait au moins de bon ton. »
Le ver lui répondit : « Reine de l'Empyrée,
Je n'ai pas l'intention,
Ni la sotte prétention,
D'offusquer les clartés de la voûte azurée.

Je sais me contenter de mon sort ici-bas !
  Et ne souhaite pas le vôtre,
Bien que vous le jugiez bien supérieur au nôtre.
  Vous trônez : Moi, je n'y tiens pas.
Votre destin est grand, mais c'est toujours le même !
Sans trêve, sans plaisir, il vous faut chaque jour
Montrer à point nommé — tel est l'ordre suprême —
  Votre lumière froide et blême.
Moi, je vis à ma guise, au hasard, tour-à-tour
Obscur ou lumineux. Et ma joie est extrême,
  Car je ne luis qu'autant que j'aime :
  Ma lumière est faite d'amour. »

L'HIRONDELLE ET LE ROSSIGNOL

A ÉMILE AUGIER

Une hirondelle, au jour d'orage,
Ayant volé longtemps, longtemps, au ras du sol,
Dans les chemins, le long des maisons du village,
    Sur la mare, au bord de l'herbage,
Finit par se poser auprès d'un rossignol,
Qui, depuis le matin, caché sous le feuillage,
    Donnait l'aubade au voisinage.
    Haut sur pattes, très court de col,
    Pelotonné dans son plumage,
    L'œil noir, saillant, le bec ouvert,
    Un petit bout de queue en l'air,
    Il vibrait !... Dieu sait les roulades,

Dont il animait ses chansons !
Et les points d'orgue !... et les cascades
De trilles et de fredons !
L'hirondelle d'abord en fut abasourdie.
« Mais comment faites-vous, ma mie,
Pour vous égosiller ainsi soir et matin,
Sans perdre haleine ?
Quoi ! vous ne craignez pas de vous rompre une veine ?
— Et vous, qui nous venez de quelque bord lointain
Perdu sous la zône torride,
Sans autre repos en chemin
Qu'un bout de mât, flottant sur la plaine liquide,
Lui répondit le rossignol,
Vous que je vois d'ici, tantôt rasant le sol,
Tantôt planant là-haut, par delà les nuages,
Immobile au-dessus des vents et des orages.
Quoi ! vous ne craignez pas de vous casser le col,
A bout d'ailes un jour, ou de faire naufrage ?
— Ma vie, à moi, n'est qu'un long vol.
— La mienne n'est qu'un long ramage.
Chacun sa loi, sa fin ; chacun son apanage. »
Et là-dessus le petit maëstro,
Enchanté de montrer que sa philosophie
Pouvait aller de pair avec sa mélodie,
Recommença son chant, *piano, pianissimo,*
Rinforzando, appasionnato !
Pendant que sur la mare, au dessus de l'herbage,
Dans les chemins, le long des maisons du village,

L'hirondelle, poussant de petits cris joyeux,
  Avec ses sœurs, à qui mieux mieux,
  Reprenait ses aimables jeux.

Tarascon, le 16 janvier 1883.

ENVOI.

L'aronde vole, vole, vole
  Toujours en l'air;
Et le rossignol rossignole
  Toujours son air.
Le poète enfile des rimes
Dont il compose maint collier,
Rimes charmantes ou sublimes...
Quand l'artiste s'appelle Augier.

VIII

LA VAGUE ET L'ÉTOILE

A M. CHARLES DE MAZADE
De l'Académie Française

La vague disait à l'étoile :
« Pas un seul nuage ne voile,
Là-haut, ta sereine beauté.
Mais ta clarté,
En glissant jusqu'à nous, se brise
Et s'éparpille en vains reflets,
Jouets des flots et de la brise
Qui nous pousse vers les galets.
Quand pourrai-je, loin du rivage,
Réfléchir, pour moi, ton image,
L'emporter dans mes plis, en fuyant sur la mer,
Comme une fleur du gouffre amer,
Et te posséder sans partage ! »
L'étoile répondit : « Tu veux jouir de moi ?
— Apaise-toi. »

2 Mars 1885.

LA VAGUE ET L'ÉTOILE

L'OUNDADO E L'ESTELLO

(Traduction de la fable ci-contre par MISTRAL)

A l'estello disié l'oundado :
« Pas lou mendre nivo tacato,
Amount, ta sereno beuta ;
Mai ta clarta
S'embriso en resquihant vers li nautro,
E s'escampiho. Chivau rebat,
Jouguet dis erso e de l'aureto,
Que nous buto vers li calanc,
Quouro poudrai, lùen de la ribo,
Miraia, per ièu, toun image,
L'empourta dins mi plé, Tout luzent sus la mar,
Coume uno flour dou gourg amar,
L'a ave mi glori, sèns partage ?... »
L'estello ié respond : « Tu vos jouï de ièu :
Abauco-te. »

revira dóu francés
de M. L. Giffard

par F. Mistral

IX

SIMPLETTE

ou

JEUNE FILLE ET LE MARTIN-PÊCHEUR

Tiré d'un fabliau persan

A MADAME BLANCHE VASSEROT

La gentille simplette, à l'écart du village,
Triste, s'était assise au bord du clair ruisseau,
Le bout de son pied nu, qu'elle trempait dans l'eau,
Creusait dans le courant comme un petit sillage.

Un brin de nymphéa, détaché du rivage,
Et qui sur le ruisseau glissait en surnageant,
Vint sur ce petit pied poser ses fleurs d'argent.
La belle en se baissant le saisit au passage,

Et d'une main distraite en para ses cheveux.
La tige retombait, et ses feuilles humides
Mêlaient aux boucles d'or des diamants liquides...
Cependant une larme avait voilé ses yeux.

De la Mélancolie on eût dit quelque image !
Et toujours le pied nu pendait au fil de l'eau,
Et le courant venait s'y briser. Un oiseau
Se posa tout à coup en face sur la plage.

Des perles de jais fin forment ses deux gros yeux ;
La topaze brûlée enrichit son corsage,
Et l'émeraude luit partout sur son plumage,
Mêlant aux reflets roux ses feux verts, sinon bleus.

Pourquoi donc, lui dit-il, ô gentille Simplette,
Troubles-tu de ces eaux le paisible miroir ?
Comment t'y prendras-tu, coquette, pour te voir
Si tu veux tout-à-l'heure achever ta toilette ?

Hélas ! plus n'ai besoin, fit-elle, de miroir.
Hélas ! plus ne me chaut d'être brave et coquette.

Que ne lui disais-tu, lorsqu'auprès de Simplette
Il venait l'an dernier, ici-même, s'asseoir :

Laisse, ô bel Etranger, laisse cette pauvre âme,
Dont rien n'a pu ternir le limpide cristal,
Epargne ses quinze ans, sa jeunesse... c'est mal,
De mettre dans des yeux d'enfant des pleurs de femme.

Regarde ! de cette eau l'inaltérable cours
Reprend sa transparence, ô bel oiseau ! dans l'onde
Tu pourrais voir déjà flotter ma tresse blonde ;
Mais le cours de ma vie est troublé pour toujours.

X

LE VOLCAN ET LA MONTAGNE

A LOUISE

Séparés par un lac, où se miraient leurs cimes,
Un mont tout verdoyant, un volcan ténébreux,
　　Empanaché de vapeurs et de feux,
　　Causaient un jour à travers les abîmes.
　　　« Moi, je suis le maître en ces lieux ! »
　　　　Disait, entre deux bouffées
　　　　De flammes et de fumées,
　　　Le volcan, d'un ton furieux.
　　　　　« Qui me brave
　　　Est un fou, privé de raison.
　　　　　　Ma lave
A bientôt submergé son champ et sa maison.

Voyez cette vallée, immense, solitaire,
    Lugubre comme un ossuaire.
    Pas une fleur, pas un oiseau,
    Même au retour du renouveau !
    Tel est l'effet de ma colère.
Là vivait au soleil un peuple riche, heureux,
Dans les vignes, parmi les oliviers poudreux,
Les frontons des villas, les pignons des chaumières
Riaient, enguirlandés de pampres et de lierre.
Ce n'était que chansons, danses jusqu'au matin.
Insensés, qui venaient au son du tambourin,
Dans la nuit, aux reflets de ma sombre lumière,
Mener la farandole autour de mon cratère !
Ils dansaient, et le sol tremblait, grondait sous eux !
Mais le cratère un jour s'ouvrit. La farandole,
Comme un collier brisé, s'égrena. Dans mes flancs
Je les engloutis tous, un à un. — Pauvres gens !

    — Vous les plaignez ? Sur ma parole,
Ils avaient mérité les derniers châtiments.
    — Eh quoi ! le bonheur est un crime
    A vos yeux ! Je pense autrement,
    Et ne vois dans cette maxime
    Qu'un détestable sentiment.
Loin de mettre ma joie à régner dans le vide,
    A m'entourer d'affreux déserts,
J'accueille dans mes bois, dans mes prés toujours verts,
Une foule joyeuse et de plaisirs avide.
J'étale sous ses pieds des tapis somptueux

Que je déroule sur les pentes ;
Je mets partout des eaux courantes :
Ruisseaux, cascades murmurantes,
Bassins cachés, silencieux,
Où vient boire la biche, où miroitent les cieux.
J'y fais trembler la frêle image
Des bouleaux, aux rameaux pleureurs,
Et je fais circuler au travers du bocage,
Sous les longues nefs de feuillage,
Le lacet des sentiers rêveurs.
Promenez-vous, enfants, la nature est si belle !
Le renouveau si vert, si doux !
Ici, point de poison, point de bête cruelle.
Je veille sur vos jeux, enfants, ébattez-vous.
Et cet accueil les encourage,
Et je vois ainsi, chaque jour,
Tandis que le désert à vos pieds se propage,
Tout un peuple nouveau se fixer sur la plage
Que je couvre de mon ombrage.
C'est la commune loi du terrestre séjour :
Vous, vous êtes la haine, et moi, je suis l'amour. »

LE ROSSIGNOL ET LES CRAPAUDS

A MOZART

Par une belle nuit, pleine d'un grand silence,
    Le rossignol, au fond des bois,
    Déployant tout-à-coup sa voix,
    Prélude par une cadence :
Un trille velouté, perlé, délicieux,
    Fait pour bercer la rêverie.
    Puis il élève vers les cieux
    Un chant divin, une élégie,
Pure comme la nuit, tendre comme l'amour,
    Une suave mélodie

Molle et puissante tour à tour,
Et vibrante de poésie!
Aux bords du marécage, assis sur des roseaux,
Deux crapauds
Bon gré mal gré, prêtaient l'oreille.
« C'est çà ! fit l'un, cette merveille
Que les hommes, dit-on, prisent par dessus tout !
Peut-on avoir si peu de goût !
— Le goût n'est plus le même, attendez ! reprit l'autre,
On est las de ce vieux refrain.
Le chant du rossignol a vieilli, c'est certain,
Depuis qu'on rend justice au nôtre.
Écoutez un peu ce morceau !
Joli, je le veux bien, mais commun ! quel martyre !
On comprend tout de suite, on sent ce qu'il veut dire.
Est-ce ainsi que devrait se révéler le Beau ?
Assez, assez de cette antienne ! »
Le plus jeune reprit avec autorité :
« Mon Dieu ! disons le mot : Eh bien, en vérité,
C'est de la musique italienne !
A ce mot, des rus, des étangs,
Et des mares en même temps,
S'élève un concert formidable.
Quelles sonorités ! Quel ensemble admirable !
Voilà nos deux crapauds en jubilation.
L'un braille tout son soûl, l'autre bat la mesure,
En criant : « Que c'est beau ! quelle orchestration !
Quels timbres ! C'est ainsi que parle la Nature ! »

LE ROSSIGNOL ET LES CRAPAUDS

Chantre inspiré, prince de l'art,
O Mozart !
Comme une offrande expiatoire,
Je consacre ces vers à ta grande mémoire.

LETTRE DE H. BERLIOZ A Mme MASSART

14 mars 1861.

Ah ! Dieu du ciel, quelle représentation ! quels éclats de rire ! le Parisien s'est montré hier sous un jour tout nouveau ; il a ri du mauvais style musical, il a ri des polissonneries d'une orchestration bouffonne, il a ri des naïvetés d'un hautbois ! Enfin il comprend donc qu'il y a un style en musique.

Quant aux horreurs, on les a sifflées splendidement......

Tâchez donc de ne jamais mieux jouer que la dernière fois ; si vous continuez à faire des progrès, vous tomberez dans le puits de l'*Avenir*.

La perfection suffit.

A la suite de cette lettre, tirée de la correspondance de Berlioz, l'auteur a écrit sur son exemplaire les vers suivants qui sont comme une *variante*, pouvant servir de moralité à la fable du Rossignol et des deux Crapauds :

La nature, il est vrai, dans ses marais, *coasse*
    Grand bien lui fasse !
Ne nous règlons pas sur ce point.
Mais si vous désirez vous mettre à son école,
Artistes, mes amis, ne vous avisez point
De l'imiter en tout, au hasard, sans boussole.
Aux grands bois reverdis avril rend la parole :
    Attendez qu'elle *rossignole*.
      Et cependant,
    Quand la nuit, sur l'onde lointaine,
    A l'extrémité de la plaine
    Fait trembler un reflet d'argent,
Et que le chœur des eaux, là bas, fait sa partie
    Dans l'universelle harmonie,
Les marais, après tout, ont bien leur poésie.

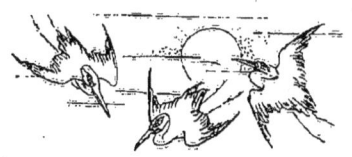

LES DEUX RUISSEAUX

A M. JULES COLLIN.

Au pied d'un pic, à la mine superbe,
Jaillit un filet d'eau, sonore et cristallin,
Qui s'amasse dans un bassin
Creusé dans le rocher, en plein marbre turquin :
On dirait du saphir liquide entouré d'herbe.
L'eau que notre bassin ne peut pas recevoir

Coule par dessus bords, filtre par mainte fente,
 S'étale en nappe sur la pente,
Et forme un peu plus bas un nouveau réservoir,
 Petit lac en miniature,
Dont la neige, en fondant, vient combler la mesure.
 Deux ruisseaux, enfants des hivers,
Sortis du même point, coulent en sens divers.
Sur le plan incliné d'une verte prairie
L'un se laisse glisser, parmi l'herbe fleurie,
Paisible, et de son flot, pur et silencieux,
 Sous le couvert de la saulée
Qui marque le milieu de l'aimable vallée,
 Se creuse un lit mystérieux.
Dans un tohu-bohu de grès et de broussaille,
L'autre, sans réussir à se faire un sentier,
 Bondit, écume, se travaille,
 Comme diable en un bénitier.
Fier de couler si haut, au milieu des nuages
 Gros d'orages,
Il ne veut pas quitter la crête du plateau.
Mais le voici bientôt au bout de son rouleau.
 Le mont qui, d'un côté, s'incline
Lentement, étagé de colline en colline,
 De l'autre, finit brusquement,
Fendu de haut en bas, comme par un géant,
D'un formidable coup de son grand cimeterre.
 Une antique fougère,
Légendaire témoin de cet évènement,

Pend au bord du gouffre béant,
Secouant aux brises marines
Moins de branches que de racines.
C'est là que notre aventureux,
Ayant fait le saut périlleux
Sous la forme d'une cascade,
Retrouve en bas son camarade
Qui sans peine, tout en flânant,
Arrive par le val au même confluent.
— Quel casse-cou ! — Quel aimable voyage !
J'en suis ravi vraiment. — Moi, je suis plein de rage ;
Rien que des roches, des cailloux,
Et des houx !
— Je n'ai vu que des pâquerettes
Qui se penchaient vers moi pour faire leurs toilettes.
— Là-haut, c'est le pays des milans, des vautours.
— Ici les papillons et les bergeronnettes
S'ébattent en suivant mon cours,
Deux à deux, folâtres amours !
— Aux quatre vents du ciel j'ai jeté mon écume
Et j'arrive à sec. — Moi, j'ai doublé mon volume.
Combien de gentils ruisselets
Me versent en passant leurs limpides filets !
Écumer, à quoi bon ? derrière la chaumine
Il est tombé dans le canal
Où mon flot se resserre et plus vite chemine
Deux ou trois feuilles d'églantine :
Elles n'ont pas plissé mon liquide cristal.

Couler en paix, gaiement, si l'on peut, c'est l'affaire.
A quoi sert tant de bruit ? à quoi sert tant de mal ?
Pour vous comme pour moi, la fin de la carrière,
 N'est-ce pas toujours la rivière ?

LIVRE II

LA REVANCHE DE LA CIGALE

A MISTRAL

O Provence, ton nom est doux à mon oreille,
    Ton image à mon cœur !
J'en aime les contours, la lumière vermeille
    Et l'étincelante couleur.
  Champs d'oliviers, où la brise légère
Fait trembler au soleil un reflet de métal,
Et toi, vaste figuier, dont l'ombre séculaire
Abrite le vieux puits où dort un frais cristal,
Lauriers en fleurs, rochers que la vigne couronne,
Rien de plus beau que vous sous la cape des cieux,
    Ni tes bois, ô Colone,
Ni tes eaux, ô Tempé, séjour des demi-dieux.

C'est que notre Provence est la sœur de l'Hellade.
Son ciel n'est pas moins clair, son azur moins profond,
Moins pures ses beautés — Canéphore ou Ménade —
Moins sonores ses vers, son esprit moins fécond.
Elle a Nausicaa, mais nous avons Mireille !
Même grâce, après tout, sinon même idéal.
L'Europe est attentive, et parfois, ô merveille !
On croit entendre Homère en écoutant Mistral.
Quant à moi qui, troquant le Rhône pour la Seine,
Dans la pluie aujourd'hui, demain dans le brouillard,
Ai vu depuis longtemps la gaieté de ma veine
    S'épuiser sous ce ciel blafard,
Sitôt que de rimer il me prend quelque envie,
Je fuis à tire-d'aile au pays sans pareil,
Heureux d'y transporter pour un instant ma vie,
Et de mettre en mes vers un peu de son soleil.
Aussitôt plus d'efforts : le sujet se précise,
Le paysage vient se disposer autour,
Et la Muse d'antan, ramenée et soumise,
La Muse, qui pour nous est comme une payse,
Me dicte quelques vers que j'écris au retour :
    Tantôt la manière héroïque,
    Pour ne pas dire évangélique,
    Dont la cigale se vengea
    De la fourmi qu'elle hébergea ;
    Et tantôt la fin bien cruelle
    D'un jeune lapin sans cervelle,
    Qui périt avec tous les siens,

Pour avoir méprisé le conseil des anciens [1].

Aussitôt qu'elle eut mis la cigale à la porte,
Elle fit double tour, et se mit à ranger,
De çà, de là, grondant : « Que le diable l'emporte !
Propre à rien, fainéante ! Elle veut me gruger !
    C'est pour des péronnelles
    Qu'on se donnerait tant de mal !
    Non, non ! dansez, mesdemoiselles !
    Dansez : voici l'heure du bal. »
    Justement le vent faisait rage
    Dehors : on entendait pleuvoir,
    Et les éclairs, chargés d'orage,
    Illuminaient tout le ciel noir.
La cigale qui craint surtout le temps humide
    S'était blottie au trou d'un mur.
Se sentant à l'abri dans cet asile sûr,
Elle se consolait d'avoir l'estomac vide.
    Et l'eau montait dans le chemin.
    Bientôt la pauvre fourmilière
    Fut submergée... Adieu, butin
Conquis par tant de soins, de labeur, de misère !
Échappée à grand' peine au milieu des débris,
    Sur un radeau formé d'un brin d'épine,
    Les pieds en sang, les flancs meurtris,
    Et survivant à sa ruine,

---

[1] Voir plus loin la fable intitulée : *Les Lapins*.

La fourmi près du mur finit par attérir.
Elle grimpe aussitôt sur la pierre glissante,
   Voit un trou ; va pour s'y tapir...
   Mais soudain, pleine d'épouvante,
   Tout près d'elle dans le coin noir,
   Justes cieux ! rencontre fatale !
   Elle voit luire, — plus d'espoir ! —
   Les deux gros yeux de la cigale.
   « Place pour un : place pour deux !
   Entrez, entrez donc ma voisine !
   Vous êtes blessée ! Ah ! grands dieux !
   Voyons un peu que j'examine !
   — Car j'y vois dans l'obscurité —
   Ce n'est rien : blessure légère !
Mettez-vous là, dormez. Pour plus de sûreté,
   Je veillerai sur vous, commère ! »
   La fourmi n'en revenait pas.
   Un tel accueil ! est-ce croyable ?
   Et l'autre ne se doutait pas
   Qu'elle pût paraître admirable !
   C'est ainsi que dans ce réduit
   La chanteuse et la ménagère,
   S'étant souhaité bonne nuit,
Attendaient le retour de la douce lumière.

   L'économie est une qualité
   Qui peut mener au défaut d'avarice.
L'avarice devient peu-à-peu dureté.

Oh ! le laid et damnable vice !
Il est une vertu que la divinité
    Suggère à toute créature.
Elle rachète tout, elle est grande, elle est pure.
    Nos prédicants la nomment : Charité.
Pour moi, tout simplement, je l'appelle Bonté.

II

LA REVANCHE DE LA FOURMI

A SUZON

Aussitôt que le jour parut,
Pendant que dormait la cigale,
La fourmi toujours matinale,
Se leva bien vite, et courut,
Pour voir les dégâts de la veille.
La pluie avait cessé de tomber. Le matin,

LA REVANCHE DE LA FOURMI

Que l'astre du jour ensoleille,
Séchait les champs et le chemin.
Aussi la pauvre ménagère
Eut retrouvé bien vite au milieu du limon
Les débris de la fourmilière...
Ce qui restait, hélas ! de sa chère maison !
Tout est défoncé, tout est vide :
L'office et le cellier, et le garde=manger,
Où toute la soirée elle aimait à ranger,
Trier, empiler, étager,
Sans autre passe-temps que ce plaisir solide !
Ainsi le fruit de tant de soins,
Qui devait de l'hiver combler tous les besoins !
Submergé, dispersé pendant la nuit dernière,
S'étale aux quatre vents sur le bord d'une ornière.
« Allons », dit=elle, « au plus pressé. »
Et tout de suite, avec un grand courage,
Bien qu'elle ait le cœur oppressé,
Elle se remet à l'ouvrage,
Entreprenant le sauvetage
Des morceaux
Qui lui paraissent les plus beaux.

Un peu plus tard, dame cigale
Reprise enfin par sa fringale
Entr'ouvrit ses gros yeux, encor pleins de sommeil.
Aussitôt la fourmi, qui guettait ce réveil,
Lui dit gaîment : allons commère,

A table!... vous voyez que j'ai mis le couvert.
    Notre repas sera rustique ;
    Mais j'espère bien qu'au dessert
    Vous me ferez de la musique.
Artistes et bourgeois, si nous faisions comme eux,
    Ne serait-ce pas pour le mieux ?
    Ainsi les marchands de Florence,
Des artistes du temps magnifiques amis,
    En l'honneur de la Renaissance,
    Tenaient toujours le couvert mis.

III

LA SENSITIVE ET LE MIMOSA

A Mme JENNY BREGARO

Un père avait deux fils, deux jumeaux. La Nature,
    Leur avait donné même port,
    Même taille et même figure.
    Pour le reste, ils différaient fort.
L'un, caractère doux, humeur toujours paisible,
    Plein d'un aimable enjouement,
    Vivait dans le contentement.
    L'autre, trop tendre, trop sensible,
        Ombrageux,
    Et par conséquent malheureux,
    Tout le jour, avec ou sans cause,
Se plaignait de quelqu'un ou bien de quelque chose.
    Il s'en prenait au genre humain,

Quand ce n'était pas à lui-même,
Disant : « Personne, hélas ! ne m'aime ;
Tout le monde m'en veut : il n'est que trop certain ».
On les mit au collège. Alors ce fut bien pire !
L'un dès le premier jour fut entouré d'amis,
Et l'autre souffrait le martyre,
Voyant partout des ennemis.
Et c'était vrai : cette jeunesse,
Qui ne brille pas par le cœur,
En faisait un souffre-douleur,
Et s'amusait de sa tristesse.
Le pauvre enfant en grand émoi,
Profite d'un congé pour se plaindre à son père :
— Grands et petits, ils sont tous après moi,
Pourquoi ?
Pourtant je ne suis pas plus méchant que mon frère. —
Le père ne dit rien. A la fin du dessert,
Pour prendre le café l'on passa dans la serre.
C'était un vrai jardin d'hiver,
Tout vert,
Qui, sous sa toiture de verre,
Abritait les plus belles fleurs
Et les arbustes les plus rares,
Admirables de forme, autant que de couleurs,
En dépit de leurs noms barbares :
Wigandias, Tigridias,
Chamérops et Gloxinias !
Au treillage du mur mille camélias !

Pièce d'eau gazonnée au milieu. Sur la rive
    Se dressait une Sensitive,
Non loin d'un Mimosa : Deux jolis arbrisseaux,
        Jumeaux,
Absolument pareils de taille et de feuillage.
Seulement l'un des deux, digne de son renom,
    Et de son nom,
Ne souffre même pas qu'on l'effleure au passage ;
    L'autre, loin de s'en émouvoir,
N'a pas seulement l'air de s'en apercevoir.
    Le père en entrant dans la serre
Approche du bassin, et, d'une main légère,
    Frôle le premier arbrisseau.
    Il n'en faut pas plus : le rameau,
    Ainsi touché, plie et se penche,
    Collant ses feuilles deux à deux,
        D'un air piteux,
    Comme prêt à quitter sa branche.
Le Mimosa, soumis au même traitement,
    Et d'un geste encore plus rude,
Ne bouge pas, suivant son habitude.
Pour les bambins, nouvel étonnement.
    On revient à la Sensitive :
    « Voyons que j'essaie à mon tour ! »
    Et chacun se presse à l'entour,
Avançant une main, d'abord un peu craintive.
    A chaque contact, brin à brin,
    L'arbrisseau blessé se reploie.

Et nos petits bourreaux poussent des cris de joie,
Sans faire attention au Mimosa voisin.
    Les voilà toute la journée,
    Jusqu'à l'heure de la rentrée,
    Qui s'amusent comme des fous
    Avec la pauvre Sensitive,
    En faisant pleuvoir mille coups
    Sur une plante inoffensive !
    Le soir, à l'heure du départ,
    Le père prit son fils à part :
— Eh bien, mon fils ! — Eh bien ! mon père,
J'ai compris la leçon : Merci ! Sur cette terre
    Les Mimosas sont bien heureux !
    J'essaierai de faire comme eux.
    Tu verras, j'aurai l'âme forte :
    En moi la Sensitive est morte.
    — Bravo, mon fils ! les nerfs, l'humeur,
    Ne sont jamais que trouble-fête.
    Va, ne te monte plus la tête :
    Contente-toi d'avoir du cœur.

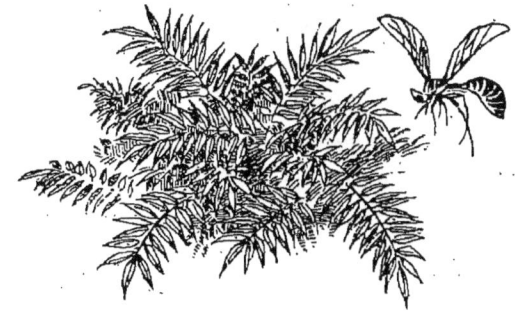

IV

LES DEUX CHIENS

A MON CAMARADE GIRARDIN

Guillot avait deux chiens, également fidèles :
  Bon pied, bon œil; des crocs surtout,
A découdre au besoin les entrailles d'un loup !
L'un tout blanc, l'autre noir; enfin deux vrais modèles.
Mais Guillot préférait le chien blanc au chien noir.
  Il était facile de voir
  Quelle était pour lui sa faiblesse :
Toujours mainte faveur, toujours mainte caresse.
Sans cesse il l'appelait à ses côtés. Le soir
Lorsqu'au milieu des champs il arrêtait sa marche,
  Parquant avec soin son troupeau,
Le plus loin des forêts et le plus près de l'eau,
Et qu'en son lit roulant qu'il traînait comme une arche
  Il se retirait pour dormir,

Aussitôt Blanquet d'accourir,
Et de se faufiler sous le manteau de bure
Qui tenait lieu de draps comme de couverture.
Quel charmant compagnon ! Lui, c'était un plaisir !
Et pendant ce temps-là, chargé seul de la veille,
    Le pauvre Noiraud bravement,
    Montait la garde autour du camp,
    Et ne dormait le plus souvent
    Que d'un œil et que d'une oreille.
Content d'ailleurs, ne se plaignant de rien,
    Incapable de jalousie,
Il faisait tous les jours, sans dire : quelle vie !
    Son honnête métier de chien.
    L'autre, gâté par le bien-être,
    Et par les faiblesses du maître,
Dégénérait. Mais voilà qu'un beau soir,
— Fort laid d'ailleurs : gros vent, ciel noir ! —
    Une tempête foudroyante,
Dont les lueurs vibraient parmi des trombes d'eau,
Menace de noyer le malheureux troupeau
    Et d'emporter la cabane roulante,
Où Guillot et Blanquet dormaient profondément,
Tranquilles, au milieu de ce déchaînement.

Tout à coup, dans les intervalles
Des coups de pluie et des rafales,
On entend un long hurlement,
mille autres. C'étaient les loups du vo
Qui, favorisés par l'orage,
Venaient rôder autour du campement.
Un cercle d'yeux, luisant comme une braise vive,
S'allume, se resserre. Et déjà, pour l'assaut,
Se dressaient sur leurs pieds les plus hardis. Noiraud
Partout présent, partout sur le qui-vive,
Farouche, colossal, gronde, grince des dents
Et tient en échec les brigands.
Tel Kléber enfermé dans les murs de Mayence
Faisait tête aux soldats de la Sainte-Alliance !
Pourtant chaque minute augmentait le danger.
Les loups pouvaient d'un bond franchir la palissade.
Noiraud le sentait bien, mais pas un camarade
Pour aller avertir l'insouciant berger.
Il aboie, il aboie, et d'une voix puissante.
Guillot
Arrive enfin muni d'un énorme falot
Dont la lumière éblouissante

Met en fuite les assaillants.
  Il était temps !
L'un d'eux venait de sauter dans la place ;
  Noiraud, châtiant son audace,
 L'étrangle net, et d'un seul coup ;
 Mais le héros était à bout.

Et Blanquet, direz-vous ? — Blanquet dans la cabine
  Ronflait de son mieux, j'imagine.
— Au lieu de secourir son brave compagnon ?...
  Comment, dans ce moment terrible,
  Il dormait ! Ce n'est pas possible.
  — Je crois que vous avez raison,
  Blanquet ne dormait pas peut-être ;
  Il avait bien dû voir le maître
Se lever, allumer sa lanterne et courir...
Non, il ne dormait pas : il feignait de dormir.

Maître en l'art d'amuser, de charmer la jeunesse,
  En lui haussant le cœur,
Inventeur abondant, ingénieux conteur
De tant de frais récits, parfumés de sagesse,
Grand merci de l'accueil que tu fais à mes vers.
  Merci de ta bonne parole.
Mais tu n'as donc pas craint, avec cette hyperbole,
De me mettre l'esprit et la tête à l'envers ?
Des *chefs-d'œuvre*, hélas non ! Le mot est bénévole.
  Mais combien trop flatteur !

Manière de parler, évidemment. Mon cœur
A deviné le tien, — laissons la gloriole —
Celui qui m'adressa cet éloge si doux,
Ce n'est pas le lettré, le critique, — entre nous —
　　C'est le camarade d'école.
Peut-être aussi que ce qui t'a plu dans mes vers,
　　C'est qu'ils ne vont pas sans morale.
　　Toujours bien simple, bien banale,
　　Bonne d'autant. — Mes héros sont divers :
L'un parfait, l'autre nul. — Pourtant je m'imagine
Qu'ils étaient à peu près pareils à l'origine ;
Affaire d'éducation et de discipline.

BABÉ ET NINON

A MADAME AMÉLIE ERNST

Le soir, qui tombe, met un terme
Au travail de la fenaison.
Babé, la servante de ferme,
Déjà rentrée à la maison
Ouvre sa croisée et se penche
Parmi les Gobœas et les pois de senteur.
Dans la verdure, toute en fleur,
S'encadre sa cornette blanche.

Dans la gare, qui n'est pas loin,
Sifflant, soufflant, et traînant à l'arrière
Un long tourbillon de poussière,
Entre l'express. Ninon, qui voyage en première,
Mollement blottie en un coin,
Vient s'accouder à la portière.
— Tiens, le village ! Tiens, Babé !
C'est bien elle ; c'est ma voisine.
Ensemble, quand j'étais bébé,
Nous goûtions chez tante Frosine.
Que ne suis-je restée ici,
Simple ! Tout simplement heureuse !
Tandis que plus d'un noir souci
Trouble ma course aventureuse.
Les bouquets, les vers, les bravos !...
De tout cela que je suis lasse :
Paroles de feu, cœurs de glace !
Comme je donnerais hôtels, bijoux, chevaux
Pour retrouver ici ma place !... —

Et Babé, qui ne pouvait pas
Reconnaître la *grande dame,*
L'admirait, troublée en son âme,
Écarquillant les yeux, et murmurait tout bas :
— Qu'elle est belle, et qu'elle a de chance !
C'est le train de Paris : elle y sera ce soir.
Ville de joie et d'opulence,

BABÉ ET NINON

O Paris, de jamais te voir
Je n'ai pas même l'espérance !...

Et la pauvre Ninon, que l'express emportait,
Ne pouvait détacher les yeux de son village.
Et la pauvre Babé, que le Diable tentait,
Rêveuse, sans souci du temps, ni du ménage,
Suivait à l'horizon le lumineux sillage
Que le train, dans la nuit, laissait sur son passage.

VI

LE CHEVAL ET L'OLIVIER

A M. GUSTAVE LEBAUDY

Le Dieu des mers, Neptune, Athéné, la Sagesse,
Se disputaient un jour au beau pays de Grèce
Qui des deux de son nom devait gratifier
La ville que Cécrops faisait édifier :
    Voilà l'objet de la querelle.
Pour suivre le débat d'une cause si belle,
      Tous les Dieux,
    Convoqués par le roi des Cieux,
      Étaient revenus de voyage :
    Le tribunal siégeait sur un nuage.
Cécrops et ses colons, suspendant leurs travaux,
Dans le fond, les marins, debout sur leurs vaisseaux,
Composaient le public de cet aréopage.
    Invité par le président
    A faire connaître ses titres,

Sous les yeux des juges-arbitres,
Neptune lève le trident
Que lui donna jadis son frère,
Et, d'un grand coup frappant la terre,
Fait jaillir de son sein un nouvel animal,
Le cheval !
Superbe échantillon d'un divin savoir-faire.
A son aspect la joie et l'admiration
Provoquèrent sur le rivage
Une longue acclamation.
Les Dieux mêmes, les Dieux, du haut de leur nuage,
Se levèrent pour applaudir.
Neptune tenait la victoire.
A lui l'honneur, à lui la gloire,
De nommer les remparts que l'on voyait surgir !
C'est alors qu'Athéné, d'une main vigoureuse,
Lance son javelot.
L'arme siffle ! au-dessus de la foule anxieuse
Trace une courbe lumineuse,
Et sur un roc, tout près du flot,
S'en va tomber debout, frémissante et joyeuse.
On s'écrie, on accourt ; soudain, à l'horizon,
Le javelot, devenu tige,
O Prodige !
Se couvre d'une belle et claire floraison.
Les feuilles sont d'argent, petites. Sur les branches
Les fruits noirs, à foison, se mêlent aux fleurs blanches
Et la brise, en baisant cet arbre sans égal,

Fait trembler au soleil un reflet de métal.
C'est l'olivier sacré, c'est l'olivier classique,
    Qui sera l'honneur de l'Attique.
    Le peuple est ravi, transporté !
Ici, c'est le cheval, dans sa fière beauté,
Qui piaffe et qui hennit, secouant sa crinière.
Là-bas, c'est l'olivier au feuillage argenté,
Qui, par le vent de mer, doucement agité,
    Triomphe et rit dans la lumière.
    Les uns crient : Vive Pallas !
    Et les autres : Vive Neptune !
On va se partager en deux camps. Mais hélas !
    Voici bien une autre fortune.
    Sur le dos du noble animal
    S'élance un jeune téméraire ;
Désarçonné d'un bond, sanglant et mis à mal
    Il va rouler dans la poussière.
Sur la colline, autour de l'olivier divin,
    On danse en se donnant la main.
Mais un enfant a mis un fruit noir dans sa bouche.
    Soudain il pousse un cri farouche,
    Disant : je suis empoisonné !
    Un mouvement désordonné
    Va se produire dans la foule,
    Ondoyante comme la houle,
    Quand tout à coup brille l'éclair.
    Un coup de foudre ébranle l'air !
C'est le seigneur Jupin qui branle sa sonnette.

Le peuple qui du ciel redoute le courroux,
 Pénétré d'une horreur muette,
 Se prosterne et tombe à genoux.
 Alors, au milieu du silence
 Descend sur lui cette sentence :
Vu l'arbre merveilleux créé par Athéné,
La ville de Cécrops prendra le nom d'Athènes.
 Athéniens, l'arbre qui vous est né
Couronnera bientôt les collines prochaines.
Sachez tirer parti de ce présent divin.
Si les dieux le voulaient, au travers de vos plaines,
Couleraient des ruisseaux de lait, d'huile et de vin,
Mais il faut mériter nos bontés par vos peines !
Telle est la volonté du sacré tribunal.
 Quant à ce splendide animal
 Dont Neptune a doté la terre,
Vous le maîtriserez par votre art, je l'espère.
 Aussi n'est-ce point par mépris
 Que nous lui refusons le prix.
 S'il devait fournir sa carrière
A creuser des sillons, à transporter des faix,
Peut-être que sa place eût été la première.
 Mais ses naseaux soufflent la guerre,
Tandis que l'olivier est un signe de paix !

 Depuis les temps mythologiques
Dont j'ai mis sous vos yeux un trop faible crayon,
L'homme, en dehors des grands combats épiques,

Ne cesse de chercher les résultats pratiques
Que le besoin de vivre, aidé de la raison,
  Trouve, au prix d'efforts héroïques.
C'est ainsi que le feu, le sel, l'huile, le pain,
    Et le vin
    Facilitant, enrichissant la vie,
    Valurent à leurs inventeurs
Une gloire sans tache, à l'abri de l'envie,
Temples, autels, enfin tous les honneurs !
  Mais dis-moi, Muse, je t'en prie,
    Quels sont les continuateurs
    De ces antiques bienfaiteurs
    Pour qui jadis, à bout d'hommages,
Tu bâtis des palais au-dessus des nuages ?
Tous ceux qui, comme vous, par un constant effort,
Voulant du genre humain accroître le confort,
    A l'ancien idéal classique
    Joignent un idéal nouveau
    Plus utile, sinon plus beau,
    Que nous nommons économique !
    Et vous ne vous contentez pas
    De propager, quoi qu'on en die,
Du travail, du progrès, du bien-être ici-bas,
    La véritable théorie.
    Vous produisez, ce qui vaut mieux,
  Et vous savez, prince de l'industrie,
Asseyant les humains à la table des dieux,
Pour de simples mortels fabriquer l'ambroisie !

VII

L'AIGLE, L'OURS, LE LOUP ET LE MOINEAU

FRANÇOIS COPPÉE

L'Aigle, l'Ours et le Loup, au fond de nos montagnes,
S'étaient associés : beau trio de larrons !
Sitôt la nuit tombée, ils pillaient les campagnes,
Enlevant à l'envi canards, poulets, dindons,
   Et moutons.
Le jour, ils reposaient, repus, sous une roche.
Des crânes, des lambeaux de chair, des ossements
De ce sombre manoir sont les seuls ornements.
  Aussi personne n'en approche.
Les corbeaux, les hiboux, les renards, les blaireaux,
 Voleurs aussi, mais de moindre importance,
  Tout avait fui, jusqu'aux petits oiseaux :
  Ils pouvaient dormir en silence.

Mais quoi ! toujours dormir, le triste passe-temps !
Messire Loup jamais ne desserrait les dents,
Si ce n'est pour tuer, n'ayant d'autre science.
Quant à Messire l'Ours, sa pesante Excellence,
Curieuse de miel plus que de venaison,
Ronflait jusqu'à midi, n'importe la saison.
Et l'Aigle, qui n'avait jamais un mot à dire,
Rêvait, l'œil demi clos, à ses droits sur l'Empire,
  Baillait souvent,
 Et s'ennuyait royalement.
 — Quoi ! ne vivre que pour la proie,
Ne poursuivre jamais que rapine et butin !
 Cela suffit-il à ma joie ?
 Est-ce donc là tout mon destin ?
Tant qu'il n'est question que de chasse et de guerre,
  Passe encor.
 Cet aigrefin et ce butor
 Ne font pas trop mal mon affaire.
Mais après ? N'est-ce pas pitié,
 Qu'une telle société ? —
 Ce jour-là, plus que d'habitude,
 L'Ours ronflait, et ses ronflements,
 Variés de sourds grognements,
 Animaient seuls la solitude.
Dehors tombait la pluie et sifflaient les autans,
  Un jour terne,
Agité par le vent, filtrait dans la caverne ;
 Et les deux yeux fixes du Loup

L'AIGLE, L'OURS, LE LOUP ET LE MOINEAU

Luisaient là-bas, au fond du trou.
Tout à coup, chassé par l'orage,
Qui dans les sapins faisait rage,
Demi-mort de fatigue, et plus encor de peur,
Un pauvre petit voyageur,
Un moineau, vint tomber aux griffes du songeur.
« Ne crains donc rien, lui dit la bête carnassière,
Adoucissant sa voix, ici, dans ma tanière,
Tu m'es sacré : tout hôte est l'envoyé des Dieux. »
Déjà l'Ours entr'ouvrait les yeux,
Et le Loup allongeait la patte,
« Non, non, tu peux dormir, mon vieux »,
Dit l'Aigle, d'un ton sérieux,
« Et toi, rentre au plutôt ta griffe scélérate.
Je traiterais comme ennemi
Quiconque toucherait à mon nouvel ami. »
Le moineau rassuré, d'une mine gentille,
Ayant dit merci de son mieux
Au maître de ces sombres lieux,
S'ajuste, picore, sautille,
Et babille.
Il conte ses malheurs, il conte ses amours,
Il conte son dernier voyage.
« Conte, Pierrot, conte toujours »,
Disait l'Aigle amusé de ce gai badinage.
Plus d'humeur noire désormais.
Le petit citadin avec son babillage,
Avait fait un salon de cet antre sauvage.

L'Aigle ne pouvait plus se passer de lui. Mais
Les autres maintenant crevaient de male rage.
Car l'aigle n'allait pas une fois au gagnage
  Sans rapporter pour son oiseau chéri,
Passé décidément au rang de favori,
    Quelque petite friandise.
   « Vous voyez comme il nous méprise,
Disaient-ils, et pour qui ? pour un godelureau
    De moineau
  Tombé chez nous un jour de pluie !
  Il paraît que monsieur s'ennuie ;
  N'est-ce pas bien flatteur pour nous ?
Nous pensions cependant que les Ours et les Loups
   Étaient de bonne compagnie ! »
L'Aigle entendait de loin tous ces méchants propos.
— Oui, pour broyer des chairs, oui, pour casser des os,
Leur cria-t-il un jour, d'un ton de voix sévère,
    Vous êtes forts.
  Pour la rapine et pour la guerre
  Je rends justice à vos efforts.
  Mais quoi ! c'est tout votre mérite,
  Et la gloriole est petite.
D'autant que la panthère, ainsi que l'éléphant
Jouent bien mieux que vous de l'ongle et de la dent.
Mais celui-ci, chétif, de beaucoup vous dépasse,
   En dépit de vos grognements.
  Il a l'esprit, il a la grâce,
  La prestesse des mouvements.

L'AIGLE, L'OURS, LE LOUP ET LE MOINEAU 89

Il a bien plus encor : des faveurs les plus belles
  Il a la plus belle à mes yeux,
Telle qu'il n'en est pas sous la cape des cieux
  Qui nous rapproche autant des Dieux.
  Il possède un don merveilleux
Que vous n'aurez jamais, animaux sans cervelles,
Lourdauds, toujours cloués à vos sentiers boueux.
  — Eh ! qu'a-t-il donc ? — Il a des ailes !...

  Comme les ours, comme les loups,
  Les hommes aussi sont jaloux,
Jaloux entre eux. — Mais si l'humaine race,
  Ni plus ni moins que la limace,
  Va se traînant collée au sol,
Toi, plus hardi que l'aigle, aux confins de l'Espace,
Tu t'élèves, Poète, et montes de plein vol.

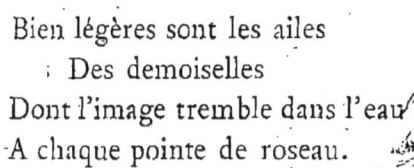

Bien légères sont les ailes
Des demoiselles
Dont l'image tremble dans l'eau
A chaque pointe de roseau.

Bien formidable est l'envergure
Du condor, le vrai roi des airs,
Qui, semblable au *Trois-Ponts* déployant sa voilure
Passe là-bas au fond des mers.

Mais ta pensée, alerte et vive,
Puissante à la fois, et naïve,
Plus que libellule et condor,
O maître, a la grâce et l'essor,
Et tu peux, mieux qu'un autre, aux plaintes éternelles
Qui voudraient rabaisser le pauvre genre humain,
Répondre hardiment, tes beaux vers à la main :
Nous aussi, nous avons des ailes.

VIII

LE RUISSEAU ET LE PETIT CAILLOU

A MADAME VAILLANT

Dans le lit d'un petit ruisseau
Qui, de son flot limpide, arrose
Là-bas, au penchant du coteau,
Un pré vert, où paît maint troupeau,
Sur un banc de graviers, un petit caillou rose
— On dirait du corail ! — brille et rit à fleur d'eau.
La lumière du jour, qui glisse à la surface,
            Noire de place en place,
Où vient tomber du bord quelque sombre reflet,
Se brise obliquement sur ce petit galet,
Et tremble tout autour, comme métal fluide.
    Lui, radieux, dans la poussière humide,
Triomphe. Seulement, pourquoi tant d'embarras,
            Et de fracas ?

C'était assourdissant à la fin. Le murmure
De ce ruisseau grognon attristait la nature.
De quoi se plaignait-il ? — Mais il se plaint de vous,
Répondit un cresson, qui, poussant en bordure,
En dehors du courant, mettait dans les remous
    De larges plaques de verdure ;
S'il coulait constamment sur un lit de cresson,
    Tranquille en son petit voyage,
De la paix, du bonheur il offrirait l'image.
C'est vous, méchants galets, qui, barrant le passage,
Le forcez de chanter sa plaintive chanson,
Et puis, vous réclamez ! Est-ce juste ? est-ce sage ?

    M'est avis qu'il avait raison
        Ce cresson.
    Hélas ! dans les conflits iniques
    Des caractères, des humeurs,
    Que de ruisseaux mélancoliques !
    Que de petits galets gêneurs
        Et jaloux !

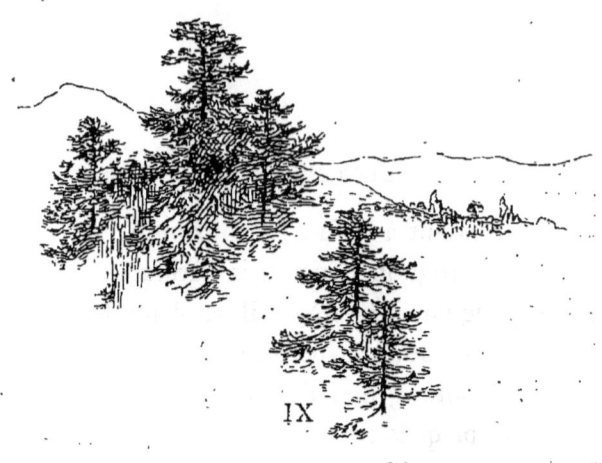

L'ENFANT ET LA CIGALE

A Mme MARIE RÉGNIER
(*Daniel Darc*)

C'est une bien vieille querelle
    Que celle
Des cigales et des fourmis.
L'une dit : Vous chantiez ? Eh bien ! dansez, ma chère.
L'autre de pot-au-feu, traite la ménagère.
Ainsi vont se croisant les propos ennemis.
    Et cependant la poésie
    Me paraît toujours de saison.
    La musique et l'économie
    N'offrent pas une antinomie.
Et le génie avorte où manque la raison.
    C'est votre sentiment, Marie,
    Puisque vous mêlez sans efforts
    La plus aimable fantaisie
    Et le bon sens, le pain des forts !

Puisque, tranquille en votre vie,
Heureuse au milieu de vos fleurs,
Vous ne rabattez rien de vos belles ardeurs,
Ni de votre douce énergie.
Où tend ce propos, direz-vous ?
Voici : je prétends, entre nous,
Que pour faire des vers, il n'est pas nécessaire
De mourir de faim, au contraire.
L'important, c'est la liberté !
Génie et liberté, voilà toute l'affaire
Ce sera ma moralité.

Perchée au bout d'une branche
    Sur un pin
Dame cigale, un beau dimanche,
Chantait l'office du matin :
Office divin que nature
Entonne avec le point du jour,
Pieuse symphonie où toute créature
Jette sa note avec amour.
Tantôt c'est une note unique,
A longs intervalles égaux,
Qui soupire, mélancolique,
Au fond des grands bois de bouleaux.
Tantôt c'est la note qui sonne,
Claire et perlée au haut des cieux,
A l'heure où le balcon des amants de Vérone
Se colore des premiers feux.

L'ENFANT ET LA CIGALE

Tantôt c'est la note bizarre
Qui, dans les fermes, tour à tour
Éclate comme une fanfare,
    Annonçant le retour
      Du jour
Aux échos paresseux qui dorment à l'entour !
  A cette aubade matinale,
     La cigale
  Associant son gai refrain
  Faisait vibrer sa petite timbale
  Avec le plus joyeux entrain.
Un enfant qui cherchait des escargots de vigne
Sur la pointe des pieds s'approche du sapin,
Les yeux écarquillés, et bientôt, joie insigne !
Aperçoit la chanteuse : il s'élance soudain ;
D'un coup de son mouchoir étourdit la pauvrette,
Et l'emporte au logis : Il était bien heureux !
Une cage de jonc se trouvait toute prête :
On y loge l'insecte avec des cris joyeux.
    L'un apporte de la salade
    L'autre des fruits, des vermisseaux,
    Un autre de la cassonnade.
Comme elle va chanter, disaient nos jouvenceaux !

  Non, répondit la prisonnière,
  Tous vos mets ne me tentent guère :
     Je vis de rien !
  Humer l'air, boire la lumière,

Et puis chanter, c'est tout mon bien.
On vous raconte une imposture
En parlant de nous, mes amis ;
Jamais cigale, je le jure,
Ne mendia chez les fourmis.
Les artistes ont l'âme haute !
Sans liberté, pas de chanson.
Les mettre sous clef, quelle faute !
On ne chante pas en prison. ⸺

C'est ainsi que Le Tasse, honneur de l'Italie,
    Qu'il enchantait de ses doux vers,
Persécuté, proscrit, poursuivi par l'envie,
    Fut un jour jeté dans les fers.
    Affreux destin, triste ironie !
Ses compagnons de chaîne étaient des fous. Pourtant
Telle était dans ses yeux la flamme du génie,
Telle la majesté de ce front imposant,
Que tous ces malheureux, oublieux de leur plainte,
    A son aspect,
Se groupaient à l'entour, un peu loin, par respect,
Émus de sympathie et pénétrés de crainte.
Mais les geôliers, plus brutes que les fous,
Le maltraitaient. Ah ! maudits soyez-vous,
Et tyrans et bourreaux, barbares que vous êtes !
    Et vous, mes enfants, soyez doux,
Et ne laissez jamais mettre sous les verrous
    Les cigales et les poètes.

X

L'AMANDIER ET LE PÊCHER

A MON FRÈRE

Rien ne sert de courir, il faut partir à point.
(La Fontaine)

A l'abri d'un rocher, dont le grand mur crayeux
Arrêtait du mistral les efforts et la rage,
Un verger bien planté, bien clos, offrait l'image
D'un travail incessant, habile autant qu'heureux.
Un mince filet d'eau, filtrant par une fente,
Avait au pied du roc creusé comme un bassin,
Où l'onde, en s'amassant, restait si transparente
Qu'il semblait être vide, alors qu'il était plein.

Placé sur la hauteur, au sommet de la pente,
    Ce réservoir
S'épand sous les carrés en ruisseaux d'eau courante,
Où jaillit au-dessus des pommes d'arrosoir.
Qu'un rayon de soleil survienne, et c'est merveille !
Dans le jet qui se brise en poussière d'argent
Se joue un arc-en-ciel. Aux pointes de l'oseille
Scintillent en bordure opale et diamant.
Mais tout change. L'hiver fige la cascatelle
Qui pend dans la broussaille, au milieu des glaçons ;
Sur les branches des buis il met une dentelle
Où le jour fait trembler quelques pâles rayons.
Le givre fleurit seul les poiriers en quenouille ;
Aux espaliers s'accroche un rang de paillassons.
Et la neige qui tombe, et qu'aucun pas ne souille,
Brouille tous les sentiers et tous les horizons.
Tout est mort... et tout vit ! Dans ses laboratoires
La nature déjà travaille le printemps ;
Chargée à son creuset de nouveaux éléments
La sève va monter sous les écorces noires.
Bientôt ce bois si dur se fendra : le bouton
Va poindre tout luisant dans sa verdure tendre !
Mais gare la gelée ! Il faut savoir attendre.
Tout arbre, tout mortel, doit s'appliquer, dit-on,
    Ce dicton.

Par un de ces beaux jours dont les chaudes caresses
Sont comme un avant-goût du prochain renouveau,

Un amandier, crédule à ces douces promesses,
S'avisa de fleurir. Délicieux tableau !
    Sur la sombre verdure
D'un long rang de cyprès qui borde le coteau
S'enlève l'amandier, dans sa fraîche parure,
Tout blanc, comme un bouquet de mariée ! Oiseau,
  Insecte ailé que le soleil invite,
    Bien vite,
Volent de tous côtés pour lui faire visite,
A l'aspect imprévu de cette floraison,
    La première de la saison !
Et l'amandier, tout plein de parfums, de lumière,
  Et de bourdonnements joyeux,
  Triomphe et rit à sa manière,
  D'un air superbe et dédaigneux.
— Pour lutter avec lui, quel arbre était de taille ?
  Dans le verger tout était mort,
Même les espaliers qu'abrite la muraille ! —
Un pêcher doucement lui dit : Vous avez tort !
  Petit bonhomme vit encore ;
  Et le ciel bien certainement
  Me comptera plus d'une aurore.
  Je me recueille en ce moment.
Avant que violons aient marqué la cadence,
  Il ne faut pas entrer en danse.
  La vie en ses secrets canaux
Me revient comme à vous. Je la sens qui s'élance,
Et déjà voudrait poindre au bout de mes rameaux.

Mais je tiens bon. As-tu vu l'hirondelle,
    D'un coup d'aile,
Effleurer en buvant le cristal du bassin ?
    Dans les bordures du jardin
      Sur quelque brin
    Vois-tu voler la coccinelle?
Rien ne sert de fleurir, il faut fructifier.
    — Arbuste de peu de courage,
Vois le beau temps ! — Je crois, dit l'autre, qu'il est sage
    De ne pas s'y fier.
Cependant le soleil baissait. Dans sa lumière
La lune dessinait comme un vague contour,
Et peu-à-peu montait sa grande face claire,
    Pendant que tombait le jour.
Sous l'épais paillasson abritant chaque branche
Le pêcher de la nuit affronta la rigueur.
    Mais le pauvre amandier en fleur,
    Tout brûlé, noir à faire peur,
    Passa le temps de la chaleur
    A pleurer sa toilette blanche.

POLICHINELLE ET APOLLON

A JACQUES HERMAN

Un jour, monsieur Polichinelle,
Dans son bel habit de velours,
Se promenait au Luxembourg,
Suivi de toute la séquelle
De ses illustres rejetons,
Qui s'avançaient en rang d'oignons !..
C'était une belle famille !
Douze garçons, pas une fille.
Le douzième étant un marmot,
A peine sorti du maillot,
Le premier un robuste drille,
Ils marchaient en flûte de Pan,
Tous les nez à l'alignement :

De temps en temps Polichinelle,
Tirant un mouchoir à carreaux,
Mouchait du haut en bas toute la ribambelle ;
Puis il se remettait à marcher. Les moineaux,
Effarouchés, s'envolaient d'arbre en arbre ;
Les passants sur leurs pas poussaient des cris joyeux,
[...] Et les Reines de marbre
[...] aspect gardaient leur sérieux...
Polichinelle avait appris l'histoire.
On [...] de latin et de grec !
[...] était un répertoire,
[...] de faits et de grimoire,
Qui ne [...] jamais à sec.
[...] d'instruire sa famille
[...] se promenant. Chaque fois
Qu'il [...] dresser un Dieu sous la charmille,
Ou quelque héros d'autrefois,
Aussitôt de sa belle voix,
Mélodieuse autant que populaire,
Il lisait la rubrique inscrite au piédestal,
En l'allongeant, tant bien que mal,
De quelque aimable commentaire.
Il saluait surtout les soldats glorieux
Qui défendirent la Patrie !
Ayant eu parmi ses aïeux
Un officier du roi, mort à Fontarabie !
Jean Polichinelle-Mayeux
Vidame de la Bosse-en-Brie !

Devant les images des Dieux
On parlait d'esthétique et de mythologie.
Le hasard, quelquefois malicieux, dit-on,
Conduisit, ce jour-là, les enfants et le père
　　Devant un superbe Apollon
　　Vulgo nommé du Belvédère.
　　— Ça, mes enfants, c'est un morceau
Fameux ! une œuvre illustre, autant qu'habile !
　　Il faut dire que c'est très beau,
　　　Ou passer pour un imbécile —
　　— Eh bien ! moi, répliqua l'aîné
　　D'un petit ton déterminé,
Je ne suis pas l'avis de monsieur *Tout le monde*.
　　Cette tête doit être blonde,
　　Et je l'aimerais sûrement
　Si j'y voyais briller cet ornement
Qui n'a jamais gâté joli visage,
　　Comme dit un antique adage.
　　Mais quoi ! le nez y fait défaut,
　　En entier, ou de peu s'en faut.
　　Les bras sont beaux, mais la poitrine
　　N'a pas le moindre modelé ;
　　Voyons derrière : Ah ! quelle échine !
　　C'est droit comme un manche à balai.
　　Au diable la sculpture antique,
　　Et sa perfection classique !
　　Jupiter, Vénus, Apollo,
　　Tout cela, c'est du rococo !

Ce dieu banal et plat, sans reliefs, ne peut plaire...
    A moi du moins qui ne suis pas un sot,
Et si vous contestez, je répondrai d'un mot :
    Est-ce ainsi qu'est fait notre père ?

    Critique aimable, ingénieux,
    Pour qui les lois de l'Esthétique
    N'ont plus rien de mystérieux,
    De ce récit très authentique,
    Et tout naïvement conté,
    Ne pensez pas que je m'applique
    A tirer la moralité.
Polichinelle fils, c'est nous, c'est tout le monde,
Ou de bien peu s'en faut, en la machine ronde ;
Oui, nous qui nous prenons toujours au sérieux,
Dupes de l'habitude, esclaves de nos yeux !
Du réel et du vrai confondant les images,
    Les masques avec les visages,
    La vie avec le carnaval !
    Apollon, lui ! c'est l'Idéal !

XII

LES LAPINS

A MADELEINE

Phébé posait un pied au bord de l'horizon,
Derrière les sapins. Sa naissante lumière
Jetait dans le sous bois un oblique rayon,
    Qui coupait en deux la clairière.
      C'est là que les lapins,
    Accourus des terriers voisins,
    Prenaient leurs ébats en grand nombre.
    Les uns jouaient dans la clarté,
    Les autres du côté de l'ombre,
Sautant, se culbutant, vous pensez la gaîté !
Arrive maître Jean ; Jean, un vieux de la vieille,
Qui connaît les humains, et leurs sanglants ébats ;
Un malin ! qui perdit jadis dans les combats
La moitié de la queue et le bout d'une oreille !

« Alerte, enfants ! plus de jeux, plus d'amour !
Nos ennemis sont là, qui travaillent dans l'ombre ;
Si vous restez ici, petit sera le nombre
De ceux qui reviendront à la pointe du jour.
    Dans les halliers, dans les bruyères,
    Là-bas, voyez-vous cheminer
    Toutes ces petites lumières ?
Ce sont gens appostés pour vous exterminer.
Savez-vous ce qu'ils font ? Ils bouchent vos demeures.
    Quand vous voudrez rentrer chez vous,
    Dans quelques heures,
Serviteur ! porte close ! alors, gare les coups !
Mais, venez, venez vite : il en est temps encore.
Vieilli dans les terriers, j'en sais tous les détours !
Venez : n'attendez pas les chasseurs et l'aurore :
Je vous mettrai bientôt à l'abri de leurs tours.
    — Que nous conte cette ganache ? —
Dit un jeune lapin, en lissant sa moustache.
    — Pourquoi venir troubler nos aimables banquets ?
Cueillons le thym, amis ! sans souci d'autre chose.
    Ces lumières sont feux follets
Dont la chaleur du jour est sans doute la cause ! —
    — Bravo ! bravo ! il a raison ! —
    Crièrent en cœur les lapines,
    — La lune monte à l'horizon,
    Le thym fleurit sur les collines :
    Parfumons-nous, et puis, dansons !
Maître Jean a perdu la tête.

Au diable soit le trouble-fête,
Avec sa peur et ses chansons !
— Insensés, dit le vieux, c'est votre dernière heure !
Adieu donc ! Mais pour nous, gagnons notre demeure.

Et, prenant avec lui sa femme et ses enfants,
Il fit un long circuit, se coula dans les champs ;
Revint vers les grands bois du côté des carrières ;
Passa par une fente entre deux grosses pierres ;
  Suivit un long couloir
    Tout noir
 Sans avoir besoin de lumière ;
Et réussit enfin à rentrer au manoir
Par une porte de derrière.
Il était temps : au bord du bois
Un coup de feu fume et résonne,
Accompagné de longs abois !
Sur toute la ligne à la fois
Paf ! la fusillade détonne.
Les lapins tombent foudroyés,
  Les os broyés,
En avant du front de bandière.
Le sang coule sur la bruyère !
Et Maître Jean blotti sous son rocher,
Avec les siens, qu'à voix basse il rassure,
 Ecoute la chasse approcher.
Aux abords des terriers, qui n'ont plus d'ouverture,
S'entassent les fuyards : ils se sentent perdus !
 Jean lapin par une fissure

Les voit courir tout éperdus.
Son cœur saigne ; il pleure de rage :
— Si nous pouvions élargir ce passage !
A l'aide ! enfants !
A coups de griffe, à coups de dents ! —
Un blessé les entend ; il accourt ; il présente
Par la fente
Son pauvre petit museau blanc
Taché de sang.
Le vieux lui crie : Allons, courage !
Qu'on se mette tous à l'ouvrage.
Travaillez de votre côté.
Ici, c'est le salut ! Demain, la liberté !
Mais au même moment une décharge horrible,
Éclate avec un bruit terrible.
Une grêle de plomb vient ricocher
Sur le rocher.
Les derniers survivants ont mordu la poussière.
Le blessé fait un bond, et retombe en arrière.
— C'en est fait, dit le vieux, leur dernier jour a lui.
Ah ! jeunesse ! jeunesse folle !...
Les pleurs lui coupent la parole,
Et dans le pauvre diable étendu devant lui
Il reconnaît le gamin à moustache
Qui l'avait traité de ganache.

LIVRE III

SURSUM CORDA

A PAUL DÉROULÈDE
Président de la ligue des Patriotes.

Parmi les vers payens, corrompus ou frivoles,
Qui vont chantant, riant, le bonnet de travers,
Ivres, menant la ronde à l'entour des idoles,
Ou bien se dénouant en sarabandes folles,
Toi seul, tu fais sonner de viriles paroles :
Tu pleures nos malheurs ; tu maudis ; tu consoles !
    Les nobles cœurs font les beaux vers.
Soldat par la bravoure, Aède par la race,
    Tu mêles combats et chansons.
    Ta muse porte la cuirasse.
        Ton Parnasse
Est, comme Gibraltar, hérissé de canons !
Laisse-moi cependant t'offrir ces quelques rimes :
    Elles n'ont rien de belliqueux ;

Paysages, croquis, des contes, des maximes :
　　Je m'acquitte comme je peux.
Mais, toi, Poète, au vent des grands souffles lyriques
Ouvre ton aile. Armé de la lyre d'airain
Fais pénétrer partout le charme souverain
　　De tes beaux chants patriotiques.
A nos jeunes Gaulois, par tes leçons épiques,
　　Apprends la haine des Romains.
Fais redire à leurs sœurs d'héroïques refrains
　　Comme jadis, aux temps druidiques.
La France est encor là, toujours là, c'est certain :
　　Aux champs, aux bois, aux pâturages,
　　Dans ces milliers de villages
Perchés sur les hauteurs, ou blottis sur les plages,
　　Dans ces enfants, soldats demain !
Oh ! qu'ils prêtent l'oreille à ta mâle harmonie.
　　Telle autrefois, au bon pays lorrain,
Quand la France saignait, mutilée, asservie,
　　Agenouillée au fond des bois,
　　Jeanne écoutait les saintes voix
Qui disaient : lève-toi ! va, sauve la Patrie !

30 décembre 1882.

DEUX CHASSEURS ET LE FAISAN

A NINI

Chiens et rabatteurs faisaient rage,
Ayant pour objectif le clocher du village.
Devant eux, dans les joncs marins,
Dans les genêts, dans les bruyères,
Sous les bouleaux, sous les sapins,
A travers fourrés et clairières,
Les hôtes divers de ces bois,
Affolés par le bruit des cris et des abois,
Fuyaient. Oiseaux d'abord : Mésanges et fauvettes ;
Les merles, les piverts chassés de leurs cachettes
Et puis tout le gibier : Les lapins, les perdreaux,
Les faisans et les faisandeaux.
Ceux-ci faisant de petites volées
Ou bien *piétant* dans les coulées ;
Ceux-là trottant, revenant sur leurs pas,
Prêtant l'oreille au branle-bas
Et puis repartant de plus belle.

Dans la débâcle universelle,
Un vieux coq argenté, prudemment, sans émoi,
Se défilait suivi d'une jeune femelle,
Qu'il rassurait disant : Faites bien comme moi,
    Et je vous sauverai, ma belle.
    On approchait du chemin creux.
    — Halte-là ! fit soudain le vieux,
    Voici l'instant, l'instant critique :
    Je connais toute leur rubrique.
    Mais écoutons ! Les chiens sont loin :
    De nous presser pas n'est besoin.
    Vous avez du cœur, ma poulette,
Et de bons yeux : Montez sur cette sapinette,
    Et vous guetterez qui nous guette.
    Car ils sont là, j'en suis certain,
    Embusqués au bord du chemin,
    Tous ces bandits, que Dieu confonde !
Regardez bien : Fouillez tout le bois à la ronde.
    Avoir reconnu l'ennemi,
    C'est être vainqueur à demi.
    Elle monte, et redescend vite
    Tremblante, la pauvre petite !
    — Ah ! justes cieux ! je les ai vus,
    Ils sont là, le long du talus,
    A cinquante pas de distance.
    D'autres sont posés en retour
        Tout alentour.
    De nous sauver aucune chance !

LES DEUX CHASSEURS ET LE FAISAN 115

— Allons ! calmez-vous, dit le vieux,
Et répondez de votre mieux.
Où sont exactement les tireurs ? — Sous le chêne
Se tient un grand gaillard, à la mine hautaine,
Bien vêtu ; carnier neuf. Son fusil au soleil
Etincelle : jamais je n'en vis de pareil.
— Bon, bon ! après ? et l'autre place,
Par là ? — Ce n'est qu'un garde-chasse.
— Par ici ? — C'est un petit vieux,
Qui n'a pas l'air bien dangereux.
Vieille blouse, vieille casquette,
Vieux souliers, et vieille escopette,
Qu'il doit tenir de ses aïeux !
Oh non ! il n'est pas dangereux ! —
Elle essayait de rire, la pauvrette !
Mais elle riait jaune, étant morte de peur.
— Vous croyez cela, ma poulette,
Eh bien ! regardez — quel malheur ! —
Le bonhomme venait, d'un double coup superbe,
D'abattre deux perdreaux qui gigottaient dans l'herbe.
— Désarmé ! voilà le moment,

Fit le coq. Suivez-moi, la belle,
Et nous l'aurons échappé belle.
   En avant ! —
Et, pareils au soldat qui s'élance à la brèche,
   Ils partent droits comme une flèche,
   Comme s'ils chargeaient le chasseur
   Dont la poule avait si grand' peur.
   C'est en vain que le garde-chasse
   Crie : à vous, monsieur le Baron !
   Au même instant le couple passe,
   Ainsi qu'un boulet de canon,
   Au-dessus du pauvre garçon,
   Qui, tout surpris de tant d'audace,
Lâche, sans épauler, ses deux coups au hasard.
   Maladroit ! fit le vieux grognard.

Vous, en entrant dans la vie,
Dupes bien souvent que réclame et décor,
Pensez à mes deux chasseurs. Et jamais ne l'oubliez :
   « Tout ce qui brille n'est pas d'or ! »

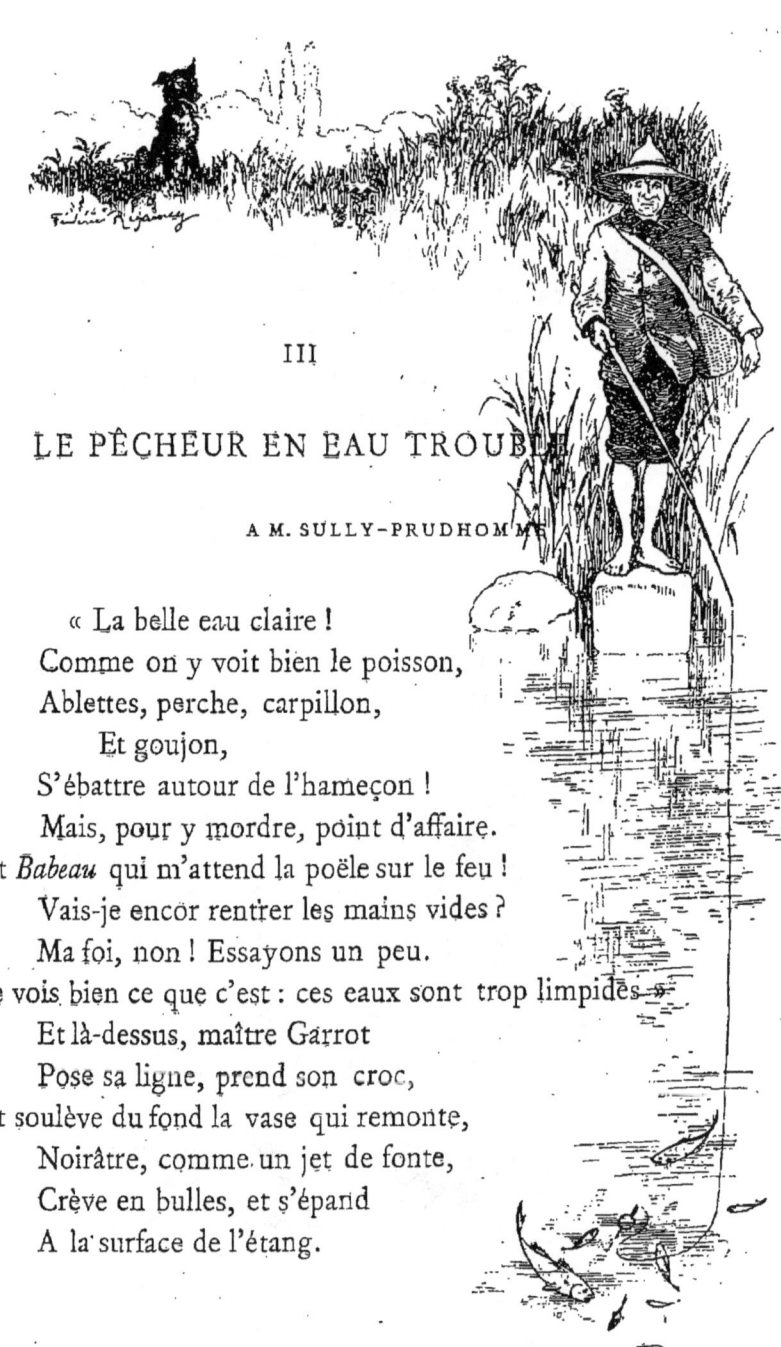

III

LE PÊCHEUR EN EAU TROUBLE

A M. SULLY-PRUDHOMME

« La belle eau claire !
Comme on y voit bien le poisson,
Ablettes, perche, carpillon,
    Et goujon,
S'ébattre autour de l'hameçon !
Mais, pour y mordre, point d'affaire.
Et *Babeau* qui m'attend la poêle sur le feu !
    Vais-je encor rentrer les mains vides ?
    Ma foi, non ! Essayons un peu.
Je vois bien ce que c'est : ces eaux sont trop limpides »
    Et là-dessus, maître Garrot
    Pose sa ligne, prend son croc,
Et soulève du fond la vase qui remonte,
    Noirâtre, comme un jet de fonte,
    Crève en bulles, et s'épand
    A la surface de l'étang.

Notre homme, satisfait, jette aussitôt sa ligne
Au large, tant qu'il peut, et bientôt, joie insigne !
Il se sent mordre ; il ferre, et sans plus de façon,
Voit sauter à ses pieds, au bout de l'hameçon,
   Dans le gazon,
  Un magnifique barbillon.
Sitôt pris, sitôt frit. On déjeûne, on banquette.
  Mais voici bien une autre fête.
  Garrot, pâle comme la mort,
  Se plaint de coliques, se tord :
  — Qu'est-ce donc ! quel est ce breuvage ?
Pourquoi donc dans mon vin ce goût de marécage !
— Mais on vient de remplir la cruche, dit Babeau,
C'est de l'eau fraîche. — Non, c'est du poison, ton eau.
— Quoi ! l'eau de notre lac, si limpide, si beau !
Si goûté, si vanté de quiconque est notre hôte !
— Oui, mais je l'ai troublée. — Alors, à qui la faute ?

  A vous, aimables pêcheurs
  Qui hantez les bords du Permesse ;
  A vous, messieurs les auteurs
  Qui vous arrachez les faveurs
  Du public et de la Presse,
C'est à vous, mes amis, que va cette leçon.
  Ne prenez pas votre poisson
  En eau trouble. Rien ne vous presse,
Pas de moyens suspects. Restez dans le courant
  Transparent

Où coulent les belles pensées.
C'est là qu'il faut ferrer les vers,
　　Frais et clairs,
Le mot juste, vibrant, les rimes cadencées.
Un seul jour vous paiera de vos peines passées.
Mais fuyez le scandale ; évitez les bas-fonds ;
　　Les sujets qui sentent la vase.
Imitez les esprits sincères et profonds :
　　Faites comme l'auteur du *Vase*.

Novembre 1884.

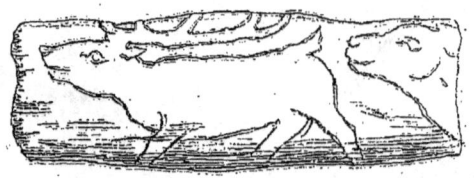

IV

LES PRINCIPES

A MON CAMARADE, FRANCISQUE SARCEY

Quand le Rhône, tombant des glaciers de la Suisse,
Poussait vers le Midi son immense flot noir,
A travers champs, creusant son lit, long précipice,
Ecumant et grondant, sombre, terrible à voir !
Il alla se heurter, dans un élan sublime,
Contre les monts altiers des Cévennes. Le choc,
Ebranlant leur massif de la base à la cime,
Fit la vague jaillir jusqu'au sommet du roc.
On entendit au loin comme un coup de tonnerre.
La montagne parut s'abîmer !... Mais soudain
L'écroulement de l'eau, dans la blanche poussière,
Fit surgir le rocher debout et souverain !
Les Cévennes avaient remporté la victoire.
Le Rhône, en refluant, rencontra le Ventoux.
Mais le Ventoux lui dit, souriant dans sa gloire :
« Les Alpes ne sauraient s'abaisser devant vous :
Passez votre chemin. » Et, furieuse, l'onde

Se rua vers le Sud, d'un bond prodigieux ;
Et les grands animaux, qui peuplaient le vieux Monde,
Debout à l'horizon, noirs sur l'azur des cieux,
Couronnaient les hauteurs, et, la tête penchée,
Mêlant au bruit des eaux un long mugissement,
Regardaient s'écouler la sombre chevauchée
Des flots poussant les flots sans trêve. Par moment
Au travers d'un rayon que le couchant allume,
On voyait au-dessus du noir fourmillement
Courir et flamboyer les panaches d'écume !...
Et puis la vision s'éteignait. Cependant,
Par delà les brouillards, par delà les abîmes,
Là-bas, au fond du ciel, dans une gloire d'or,
Les pieds dans la vapeur qui les noyait encor,
Emergeaient au soleil les immortelles cîmes.

LA BREBIS ET L'AGNEAU

A MON CAMARADE, H. CHANTAVOINE

C'est l'hiver : que Dieu nous protège !
La terre est couverte de neige.
Le ruisseau, qui sort du lavoir,
Bordé de blanc, paraît tout noir.
Là-bas, sur le canal, la petite flotille,
Prise dans les glaçons, se dresse : Tout scintille,
Le cordage, les mâts, comme sucre candi.
Un grand voile, d'argent et de perles ourdi,
Flotte sur les buissons, s'accroche aux aubépines,
Aux pommiers, se suspend aux pignons des chaumines.
La sente, la mare, la cour,
Tout est désert : La charrue immobile,
Abandonnée au milieu du labour,
Dresse à l'angle du champ son Y immobile,
Où viennent les corbeaux se poser tour à tour.

C'est splendide... c'est lamentable !
L'étable,
Ce rustique salon de nos pauvres hameaux,
Vaste et chaud, double confortable !
Assemble pêle-mêle au milieu des troupeaux
Cultivateurs et pastoureaux.
Le soir, au son de la musette,
Guillot, *qui ne dort plus*, la laitière Perrette,
Garot, le rançonneur, et madame Pierrette,

Enlacés agréablement,
Sautent ensemble lourdement,
Avec de petits cris pleins de contentement.

[1] Personnages des Fables de la Fontaine.

C'est si bon, les longues veillées !
Et cependant, mi-réveillées,
Derrière les piliers, les vaches, par moment,
Ouvrent leurs grands yeux ronds emplis d'étonnement.
Certain soir de décembre, au fond de la chaumière,
Enfoncé jusqu'au cou dans la bonne litière,
Un agneau dans un coin causait avec sa mère,
   Bêlant tout bas
  Afin qu'on ne l'entendît pas.
— Comme c'est ennuyeux, disait-il, les frimas !
J'aime bien mieux les prés, le gazon, la bruyère.
  Revienne vite le printemps ;
— Pourquoi vouloir toujours accélérer le temps,
  Répondit sagement la mère ?
Les herbages en fleurs, sans doute, c'est bien doux,
Mais les bois sont prochains, mais ils sont pleins de loups.
  Souviens-toi de ton pauvre frère,
Enlevé par un monstre à la dent meurtrière,
Au détour du ruisseau qui borde la clairière.
  Rappelle-toi, triste destin,
  La chèvre de monsieur Séguin.
Je l'ai connue, hélas ! elle était très gentille,
De même âge que moi, blanche et bien bonne fille.
   Mais quoi !
  Elle n'admettait d'autre loi
Que son caprice. Aussi, pleine d'un tendre émoi,
Je lui disais souvent : Jeanne, prends garde à toi.
  Ne t'éloigne pas, ma biquette.

Elle me répondait par une pirouette.
Un soir, je m'en souviens, un beau soir de printemps,
    Elle ne revint pas des champs :
Je ne fermai pas l'œil, tant j'étais inquiète !
A peine le soleil, le lendemain matin,
Par la fente de l'huis pénétrait dans l'étable,
Nous entendîmes tous un cri sourd, lamentable,
Et puis les hurlements du loup !.. Monsieur Séguin
Courut avec ses chiens au bord de la clairière !
Il fouilla les taillis, les clos, la sapinière :
    C'était trop tard ! Du moins, ici,
Perdus au fond des bois, enterrés sous la neige,
    Grâce au chaume qui nous protège,
    Nous pouvons dormir sans souci.
Jouissons des douceurs que la saison nous donne :
    Même en hiver la vie est bonne.

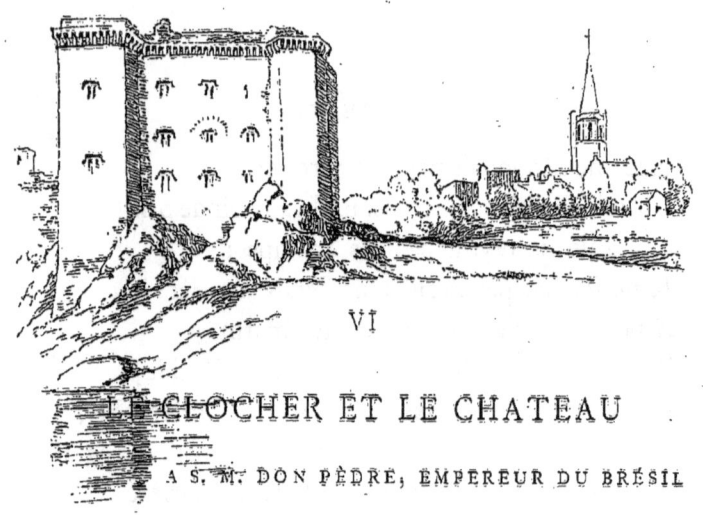

VI

LE CLOCHER ET LE CHATEAU

A S. M. DON PÈDRE, EMPEREUR DU BRÉSIL

On m'a raconté qu'un beau soir
Le vieux château du Roi-Trouvère,
Dont la masse imposante, encore belle à voir,
Semble sortir du Rhône, en face de Beaucaire,
Dit au clocher voisin, dont la flèche légère
Se dresse dans la nue à deux pas du manoir :
« Vrai, je n'admire pas ta fluette structure :
    Tous ces trèfles, tous ces fleurons,
        Et ces festons
    Dont la fragile découpure
    Fait une piteuse figure
Auprès de mes puissants et larges bastions,
    Voilà de vraie architecture !
    Mais je ne te veux pas de mal.
Et je n'ai qu'une peur, c'est qu'un jour le mistral
Emporte ce hochet, qui vainement me nargue,
Et le lance du coup aux marais de Camargue !
    Prends garde au vent : il te sera fatal. »

L'autre lui répondit : « Rassurez-vous, compère,
  Cette flèche, bien que légère,
    Est solide comme métal.
C'est la Foi qui créa nos vieilles cathédrales,
Dont la pierre et le fer défient tous les coups.
C'est elle qui posa les vénérables dalles
Où les siècles passés ont usé leurs genoux,
Les piliers élégants, les contre-forts robustes
Où s'appuient les nefs aux splendides vitraux,
Les portails, les jubés, et les clochers augustes
Toujours debout, parmi les débris des châteaux.
Toi-même, toi, si fier de ton antique gloire,
Séjour du roi Réné, cher à nos Provençaux,
  Toi dont j'ai vu la longue histoire
Dérouler à mes pieds ses mobiles tableaux,
Que de fois je t'ai plaint ! Au sein de la bataille,
Où tonnaient les pierriers avec les fauconneaux,

Quel bruit, quelles clameurs, et quel choc de ferraille
Sortaient de la fumée où sombraient tes créneaux !
Jamais je n'en reçus la moindre éclaboussure :
Le culte de la Sainte[1] était comme un rempart
Plus solide pour moi que la meilleure armure.
C'est toi qui recueillais tous les coups. Pour ma part,
  Je n'eus pas une égratignure.
  Mieux que toi, contre les soudards,
  Je me défendais sans rien faire.
  Et bien des fois mon sanctuaire
Dans la crypte sacrée abrita les fuyards.
  Quant au mistral, il est encore
Le plus sûr, le plus prompt de tous mes serviteurs :
  C'est lui qui va, devant l'aurore,
Porter à travers champs l'appel de mes sonneurs.
  Sur son aile immense il promène
Tantôt un glas, tantôt un joyeux carillon,
Et toi, Castel, déchu de ta grandeur mondaine,
Avili, mutilé, tu n'es plus que prison !
  La fortune est bientôt passée
Des œuvres dont la force a seule fait les frais.
  Triste gloire, vite éclipsée !
  Mais les œuvres de la pensée,
Là-haut, en plein azur, planeront à jamais
  Sur l'humaine misère.
L'Idéal seul est grand. La Force, une chimère !

---

[1] Sainte-Marthe.

Tarascon, novembre 1882.

ENVOI

Prudence, charité, sagesse,
Bon sens, bon goût, délicatesse
Se retrouvent ici, prônés en maints endroits,
Sinon avec talent, du moins avec justesse :
Leçons toujours de mise, et qui vont à la fois
    Aux peuples aussi bien qu'aux Rois.
De la Fable telle est la vertu singulière !
    Mais si ma muse, en ces récits divers,
De quelque essai nouveau veut t'offrir la matière,
    Elle doit changer de manière,
De peur que l'on ne dise : Oh ! la tête à l'envers,
Qui s'en va gravement, avec ses méchants vers,
    Porter de l'eau à la rivière !

VII

L'OBUS ET LE LISERON

A M. ERNEST D'HERVILLY

Au coin d'un champ, sur le bord d'une mare,
Près d'un pauvre hameau par la guerre détruit,
Un boulet creux, lancé par dessus la bagarre,
    Était venu tomber sans bruit.
On était en hiver : il neigeait. L'incendie,
    Allumé par l'artillerie,
Flambait aux quatre coins du sinistre horizon,
    Çà et là, sur la plaine blanche,
    Dans la nuit, parmi l'avalanche,
    Allongeant un rouge rayon.

Admirable tableau, que décrira l'histoire,
En prononçant les mots de génie et de gloire !
   Heureusement que nos sanglants ébats
     Ne touchent guère la Nature.
Sur les champs, devenus fameux par maints combats,
Elle jette au printemps son manteau de verdure.
     Dans son sein ample et fort
Pourrissent les débris des humaines batailles ;
   Les naissances — tel est le sort —
S'élaborent en elle avec des funérailles ;
     Et la vie éclôt de la mort.
Au-dessus, les blés verts ! la fête printanière
Se baigne de rosée et rit dans la lumière ;
Au-dessous le charnier, le lugubre ossuaire,
    Où tout rentre et d'où tout sort :
Eternel va-et-vient de joie et de misère !
Ces pensers ne sont pas en dehors du sujet,
    Mais revenons à mon boulet.
     Que vous disais-je ?...
    Qu'il était tombé dans la neige,
    Où bien longtemps il se cacha.
Le laboureur revint avecque la verdure ;
    Mais le coutre point n'y toucha,
    Car il était dans la bordure.
    Un pauvre pied de liseron,
    Sur lequel pesait cette masse,
  Ayant rampé, s'étant fait de la place,
    Finit par pousser tout en rond.

Si bien que l'obus, ô merveille !
Enguirlandé de feuilles et de fleurs,
Paraissait reposer au fond d'une corbeille.
Les petits liserons grimpeurs
Ne pouvant s'accrocher à la ronde surface,
Où la guerre dormait, et toutes ses fureurs,
S'enroulaient autour avec grâce
Sans se douter de leur audace.
Un enfant qui passait veut y porter la main.
Le père l'arrête soudain :
— Prends garde !
Tu ne vois que les fleurs qui te plaisent. Regarde !
Ce corps noir, ce cône allongé,
N'est pas un produit de la terre ;
C'est un obus encor chargé,
Témoignage oublié de la dernière guerre.
Laisse les fleurs jouer avecque le tonnerre !
— Pourquoi donc avoir inventé
Un engin aussi détesté ?
— Pourquoi ? pour brûler nos villages.
Pourquoi ? pour hacher nos bocages.
Vois ces grands murs noircis, vois ces pins-parasol
Rasés par milliers à deux mètres du sol.
Pourquoi ? parce que l'homme est un être de proie,
Pour qui détruire est une joie.
— Eh quoi ! père, serais-je ainsi ?
— Moins que nous, mon enfant. — Merci,
Et tes petits-enfants ? — Oh ! ceux-là, je l'espère,

Pourront un jour, vainqueurs de sauvages abus,
 Cueillir des liserons à terre,

Sans se heurter à des obus.

Vous qui savez, d'un ver exquis,

Broder ces merveilleux croquis
Où défile à nos yeux, souriante ou rêveuse,
La géographie amoureuse
Des pays si divers que vous avez conquis [1],
Un jour, las de courir le monde,
Une lyre à la main, harmonieux Joconde !
Vous vous êtes fixé, dit-on,
Au Japon.
Autant du moins que peut se fixer un poète.
De là cette aimable saynète [2]
Pleine d'exotiques senteurs,
Comme un éventail à la mode,
Et qui rit de mille couleurs
A la façon d'une pagode.
En voyant sur nos paravents,
Sur nos écrans,
Et sur tant de boîtes à gants,
Ces fantastiques personnages
Découpés comme des images,
Et peinturlurés bravement,
Avecque leurs trois poils au vent,
Vous ne vous êtes pas demandé, belle dame,
Si ces gens-là vivaient, s'ils étaient comme nous,
Doués d'un esprit et d'une âme,
Tantôt sages et tantôt fous,
Amoureux, emportés, poètes et jaloux.

[1] Le Harem.
[2] *La belle Saïnara.*

D'Hervilly seul le sait ; seul il pouvait l'écrire.
　　Prenez le plaisir de le lire,
　　Et la belle Saïnara
La perle de Yeddo, gaiement vous le dira.
　　Pour moi, qui dans cet opuscule,
　　　Frais et brillant.
　　Comme une fleur de renoncule,
　　Ai rencontré le vers charmant
　　Dont ce récit n'est qu'une glose,
Laissez-moi vous l'offrir, car il vous appartient,
O chantre de Kami ! car, s'il vaut quelque chose,
C'est par une pensée en vos rêves éclose,
Dont l'image sans cesse à l'esprit me revient :
« Un boulet, dans les champs, rencontre une fleurette. »
Mon Dieu ! qu'il est joli, ce vers, ô doux poète !

VIII

L'ÉPI ET LE BLEUET

A MARTHE

Au dessus de la moisson blonde
Balançant sa petite fleur,
Un bleuet, heureux d'être au monde,
Murmurait d'un ton protecteur :
« Avouez, pauvres céréales !
— Je ne crois pas en ça vous manquer de respect, —
Que de vos nuances banales
Bien... sévère serait l'aspect,
Si, par un coup de son génie
Nature en vos sillons poudreux
N'avait éparpillé la semence bénie
D'où je naquis un jour pour le plaisir des yeux.
Depuis ce jour-là mes fleurettes,
Empruntant à l'azur des cieux
La couleur de leurs collerettes,
Ont piqué de points radieux
Vos tristes champs, dont l'étendue afflige ! »
Un épi mûr
S'étant soulevé sur sa tige
Lui dit : « Ça ! monsieur de l'azur,
As-tu fini ton verbiage ?

Eh quoi ? tu penses donc vraiment,
Toi qui n'es qu'un simple ornement,
Avoir sur nous quelque avantage ?
Comment, tu nous fais la leçon,
A nous qui sommes la moisson,
Le blé sacré de Triptolème !
Pour prix duquel la race humaine
A Cérès dressa des autels
    Solennels !
La graine auguste et souveraine
Qui, par la volonté des Dieux,
A remplacé le gland du chêne,
Du chêne qui touche les cieux !
Et c'est toi qui pour nous n'es qu'une mauvaise herbe
    Sans valeur, sans utilité !
    C'est toi qui viens, dans ta superbe,
Critiquer des moissons la simple majesté !
A parer les cheveux de quelque pastourelle
    Tes fleurs peuvent servir encor ;
    Mais, sache-le, les épis d'or
Sont faits pour couronner le front des immortelles.

Ce langage était juste, encor que glorieux.
  Il est certain que l'aspect de nos plaines,
    Jaunes des récoltes prochaines,
    N'est pas fait pour charmer les yeux.
Pourtant je te salue, ô pays sans ombrage,
Sans lignes, sans couleurs, uni comme la main !

De la monotonie invariable image !
Mais dont le sol poudreux promet au genre humain
Le pain !
Ajoutons que ces lois du monde,
Dont l'évolution profonde
Fait la vie et l'ordre en tout lieu,
Nous montrent à la fois plusieurs côtés de Dieu.
Bonnes toujours, toujours elles son belles.
Que de fois, sous le coup de la nécessité,
L'homme, toujours cherchant inventions nouvelles,
Sans autre but que son utilité,
Vit tomber sur son œuvre un rayon de beauté !
L'épi raisonnait bien, mais quoi ! de son côté,
Notre bleuet n'était pas bête :
Qu'elle se développe en sa naïveté,
Ou qu'elle collabore avec l'humanité,
La nature est un grand poète !

IX

ÉVENTAIL[1]

A ALINE

MARINE

D'un côté, c'est la mer, non plus la mer immense,
Solitude sans borne où fourmillent les flots ;
La terre qui finit, l'Océan qui commence,
Se mêlent dans la lame au milieu des îlots.
Îlots noirs et vivants, où foisonne la moule,
Où le crabe s'embusque au milieu du varech,
Où l'étoile de mer, qu'y dépose la houle,
Colle ses rayons d'or sur les rochers à sec.
Tout est muet, désert, pas une trace humaine !
Je me trompe : un signal dressé sur un massif
Avertit les bateaux que la liquide plaine
Est plus sûre pour eux que ce sombre récif.

[1] A propos d'un éventail où se trouvent dessinés : d'un côté une Marine, de l'autre un Paysage.

PAYSAGE

Sur l'autre face rit un charmant paysage :
Des saules, des peupliers au milieu des roseaux ;
Et des buissons en fleurs dont la légère image
Se profile à la fois dans l'air et dans les eaux !
Ici c'est le printemps. Un rayon de lumière
S'éparpille gaiement dans les massifs feuillus ;
Glisse le long des troncs, et baigne la clairière
De tons clairs et moelleux, adroitememt fondus.
Au fond, sur la colline, une antique chapelle,
Dont le double clocher a défié le temps,
Mêle de l'infini l'image solennelle
Aux mobiles tableaux de la mer et des champs.

LÉGENDE

Enfant, loin des écueils de la folle jeunesse,
Peut-être crois-tu, sur ces bords plus heureux,
Trouver enfin le port de l'humaine sagesse.
Espoir d'un jour ! il faut lever plus haut les yeux !

LA PLUIE ET LE SOLEIL.

A mon camarade et ami
ÉDOUARD GOUMY

    Aux premiers jours de notre Terre
    Les éléments étaient en guerre :
La Pluie et le Soleil ne pouvaient se souffrir.
Où l'un versait les flots de sa chaude lumière,
L'autre se refusait. Condamnée à périr,
L'herbe séchait sur pied ; la brebis haletante
    Se traînait le long des forêts !
    Pas un coin vert dans les guérets,
Pas une goutte d'eau sous l'algue croupissante,
    Pas un nuage au ciel !
L'abeille ne savait où butiner son miel ;
Et partout s'arrêtait, languissante et flétrie,
    La vie.

Le climat toujours pluvieux,
　　Par contre, ne valait pas mieux ;
Sur un ciel bas, voilé de brumes grises,
　　Des silhouettes indécises
Se montraient à travers les hachures de l'eau
Qui noyait, en tombant, tous les plans du tableau.
Les champs étaient déserts... A peine sur les cimes
S'allumait çà-et-là quelque pâle lueur,
Et deux sombres Esprits, le Silence et la Peur,
　　Flottaient au-dessus des abîmes.
　　Tout eût péri, si, par hasard,
　　— Le hasard ou la Providence :
La notion de Dieu vaut bien le mot de chance —
Un rayon de Soleil, qui vibrait comme un dard,
　　Échappé du carquois immense,
　　N'eût traversé de part en part
　　La couche épaisse de nuages
Dont la Pluie autour d'elle avait fait un rempart,
Afin de régner seule en ces tristes parages.
　　D'abord ce fut un grand courroux !
　　Mais quand, au milieu de son ombre,
　　Elle vit, la déesse sombre,
Venir, en se jouant, si plaisant et si doux,
Cet aimable rayon, enfant de la lumière,
Elle sentit mollir et fondre sa colère.
　　— Eh bien non ! ne l'éteignons pas,
　　Dit-elle en lui tendant les bras,
Je suis glacée !... il est des jours où je m'ennuie,

LA PLUIE ET LE SOLEIL

   Moi, la Pluie !
  Viens donc, viens, ô joli rayon !
  Décidément le soleil a du bon.
Pendant le même temps, grâce au remue-ménage
Que le nouveau venu faisait sur son passage,
Trouant et bousculant les brouillards, les vapeurs,
Qu'il pénétrait soudain des plus vives lueurs,
  Il arriva qu'un gros nuage
  Bien noir, bien lourd, bien gonflé d'eau,
Détaché par le vent, fut poussé vers la plage
  Où l'astre du jour faisait rage.
Pour ces pays brûlés, quel spectacle nouveau !
Phœbus, en le voyant, ne se sentit pas d'aise :
   Depuis longtemps,
  Peut-être cinq à six mille ans,
Il avait soif. Sa gorge était comme une braise
  Qui flambe au fond d'une fournaise.
De ses propres ardeurs il subissait l'effet.
Aussi du bout des doigts, saisissant au passage
   Le nuage,
  Il l'avala comme un sorbet,
  Disant : mais c'est vraiment dommage
  Que la Pluie habite si loin.
Va, Mercure, mon bon, porte lui ce message...
La paix fut bientôt faite, et depuis ce beau jour
  Les rayons, les ondées,
   Tour à tour,
Sur nos campagnes fécondées

Versent, à qui mieux mieux, l'abondance et l'amour.
Tantôt c'est le Soleil et tantôt c'est la Pluie.
Parfois même on les voit se jouer dans les cieux
Ensemble : doux ébats aux moissons précieux !
La déesse y répand des pleurs délicieux,
Et le dieu, d'un baiser, en riant, les essuie.

Le développement de ce vaste univers
    N'offre pas une antinomie
    D'où ne résulte une harmonie.
L'homme est, comme dit l'autre, ondoyant et divers.
    La Nature
D'attributs différents dota sa créature :
L'imagination, les sens, la volonté.
Que si nous les laissons en pleine liberté,
La bride sur le cou, trotter à l'aventure,
    C'est fait de nous, la chose est sûre.
A tout prix, imposons à leur diversité
L'équilibre, qui fait la force et l'unité
    Et la santé.
    Au fond, ce n'est, en vérité,
    Qu'une question de mesure.

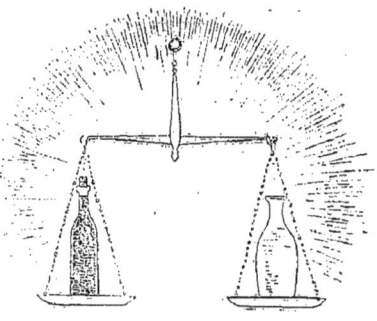

XI

LES DEUX ZÉPHYRS

A MADAME H. L'HUILLIER

Les lilas en boutons allaient bientôt s'ouvrir.
Dans les buissons le merle avait sifflé. Zéphyr
S'agite, ouvre les yeux, sous le berceau de rose,
Où, durant tout l'hiver, mollement il repose,
Et mande auprès de lui ses deux enfants :
　　— Mes amis, voici le Printemps.
Mais je me sens bien vieux. Dam ! voilà six mille ans
　　Que je fais seul tout le service.
Que vous me remplaciez à présent, c'est justice.

J'ai là vos deux brevets signés par Jupiter :
Brevets de capitaine aux phalanges de l'air.
  Vous pouvez entrer en campagne.
  Moi, je garderai la montagne.
Revenez dans huit jours. — Voilà nos petits Dieux
   Tout joyeux.
  Ils s'ajustent de longues ailes
  Transparentes comme dentelles,
  Blanches sous un reflet vermeil,
  Comme l'on voit aux demoiselles,
Et les voilà partis dans un rais de soleil !
Huit jours passés, Zéphyr, posté sur la colline,
  En train de souffler, j'imagine,
  Les voit revenir un beau soir
   Au manoir
  Différents d'aspect et de mine.
L'un commence : aux abords de la ville voisine,
  J'ai rencontré le premier jour
Un jardin merveilleux, véritable séjour
Des zéphyrs : un gazon peint de mille fleurettes,
  Et de gros bouquets d'arbres verts,
Des sièges çà et là rangés sous les couverts,
  Et des garçons, et des fillettes
Ravissantes ! Charmé de cet aimable coin
  Je ne suis pas allé plus loin.
  Je déjeunais de la rosée
  Aux pointes d'herbe tamisée
Où l'aube en souriant mettait son arc=en=ciel.

Sur la pelouse diaprée
À la Vesprée
Parmi les blonds essaims qui pillottaient le miel
Je soupais du parfum des roses
En secouant un peu leurs corolles mi-closes.

Et les jolis petits enfants
Dont mon souffle agitait les longs cheveux flottants,
Et les opulentes nourrices,
Avec leurs deux bouts de ruban
Au vent,
En me sentant passer, disaient : Quelles délices !

Comme ce petit air sent bon !
Enfin je suis charmé de mes débuts. — Moi non !
Reprit l'autre, piteux et de ton et de geste.
Partout sur mon passage on disait : Quelle peste !
— Mais il pue en effet ! D'où viens-tu, malheureux ? —
    S'écria tout-à-coup le père,
    Avec un éclat de colère.
— Un zéphyre qui pue ! Est-il possible ! fi !
Que dirait Jupiter, s'il passait par ici ?
Que t'est-il arrivé ? Mais parle donc. — Voici :
    D'abord, en quittant la montagne,
J'ai voulu m'amuser aux dépens des ruisseaux
Qui courent bêtement à travers la campagne,
Afin de retarder le progrès de leurs eaux...
Ils coulaient dans un sens, moi, je soufflais dans l'autre
    Eux d'écumer et de gémir.
Et moi je me disais : quel pouvoir est le nôtre !
Et naturellement ça me faisait plaisir.
Mais pendant ce temps-là, la nuit était venue,
    Et j'avançais, non sans émoi,
    Dans une contrée inconnue
Suivant des feux follets qui dansaient devant moi.
Moi, je dansais aussi. Mais bientôt la prairie
S'est couverte d'ajoncs, de touffes de roseaux
Et tout-à-coup, croyant raser l'herbe fleurie,
J'ai senti sous mon pied la surface des eaux.
L'aube du jour, trouvant enfin un gros nuage,
    M'a laissé voir un marécage

Immense, nu, désert, sans digue, sans rivage !
Sur les grands nymphéas la rainette chantait.
Un crapaud au soleil étalait ses pustules.
Et mon souffle, en passant sur les bords, agitait
Tout un peuple d'osiers et de hautes férules.
Puis les rayons du jour sur ces eaux, d'un ton noir,
Ont fait luire, en tombant, comme un vaste miroir :
Miroir d'acier poli encadré dans l'ébène !
Et je suis resté là sept jours, une semaine !

Sans souffle. Je n'osais m'échapper. Mon haleine
Que l'étang saturait de ses exhalaisons
    Se chargeait de subtils poisons.
    Et je sentais une ivresse malsaine
    Qui m'interdisait tout essor
    Et m'enfièvrait. Bref, j'y serais encor,
Si tout-à-coup pensant à vous, mon père,

Je ne me fusse dit : mais je suis attendu !
  Un jour de plus, j'étais perdu —
Le vieux Zéphyr n'était plus en colère :
— Va vite à la fontaine, écarte le cresson,
  Plonge-toi dans la belle eau claire.
Et garde-toi, mon fils, d'oublier la leçon.

  Chacun de nous se pénètre, s'imprègne
    De l'air qu'il fait, du goût qui règne
    Dans le monde, dans le milieu
  Où nous vivons, à la grâce de Dieu.
Quel Dieu ? le plus souvent, ce Dieu, c'est l'habitude,
C'est l'instinct, le penchant, toujours impérieux,
La passion enfin, la pire servitude.

LES DEUX AIGLONS DE LE BONHEUR

A AMÉLIE.

Deux époux très bons, très fidèles,
Vivaient sous même toit : indicible bonheur !
  Jamais un mouvement d'humeur.
Rien n'avait pu troubler leur mutuelle ardeur,
  Et pourtant ils avaient des ailes.
Car il ne s'agit pas de vous, ami lecteur,
  Vous l'avez deviné sans peine.
  En fait de constance et de cœur,
  Ne citons pas l'engeance humaine.
  Nos héros habitaient un joli colombier,
  Tout enguirlandé de verdure.
Pagode en style indien : une miniature !
  A la pointe de la toiture
    Un ramier

Par tous les temps, pluie ou tempête,
A tous les assauts faisant tête,
     Ouvrait au vent
Son aile peinte sur fer-blanc.
C'est là que nos époux-modèles,
Plus amoureux que tourterelles,
Toujours pondant, toujours couvant,
Leurs pigeonneaux toujours gavant,
Eussent joui d'un bonheur sans mélange,
   Si l'homme, cet affreux larron,
   Qui tout dérobe, et qui tout mange,
N'avait de temps en temps visité la maison.
  Et chaque fois, du nid à la cuisine,
  Pour la compote ou pour la crapaudine,
Ils ne faisaient qu'un saut, hélas ! les chers enfants,
Sous les yeux éplorés de leurs pauvres parents.
Enfin désespérés, à bout de patience,
     Un beau matin
  Ils quittèrent leur résidence,
Pour aller s'établir dans un bosquet voisin,
Sur les derniers rameaux d'un gigantesque charme.
   Jardinier de sonner l'alarme :
   Les pigeons... les pigeons sont partis !
Et seigneur d'accourir disant : « Petits, petits,
    Revenez bien vite au logis.
    Que voulez-vous ? qu'allez-vous faire ?
    Avez-vous pas pour ordinaire
    Sarrasin, millet, chénevis,

Sans compter mainte friandise ?
Dans la salle à manger vous entrez sans façon,
Aussitôt que la nappe est mise,
Et vous êtes reçus même dans le salon.
La nuit, n'êtes-vous pas dans votre maisonnette
A l'abri de dame Belette ?
Mais las ! Quel sera votre sort,
Si vous nichez sur ce vieux charme ?
Toujours quelque nouvelle alarme ;
Toujours quelque danger de mort !
Et tenez, voyez-vous l'épervier qui tournoie
Là-haut, là-haut, guettant sa proie ?
— Laissez-nous donc en paix avec vos éperviers,
Dirent les deux pigeons. En somme,
Pour nous le plus cruel de tous les carnassiers,
C'est vous ! ce sont vos cuisiniers !
Ce n'est pas l'épervier, c'est l'homme ! »

LIVRE IV

I

LES PERDREAUX

A M. ALPHONSE DAUDET

C'est l'heure du rappel : un suprême rayon
    Dore la cime du gros chêne.
    Le long du bois, dans maint sillon,
      Et là-bas, au bout de la plaine,
      Entre les sarrasins en fleurs
      Et les longs carrés de verdure,
Betterave, luzerne — alors que les chasseurs
S'en reviennent, contant bien haut leurs aventures—
Un cri se fait entendre, aigu, bien que profond,
Une petite note enrouée et stridente.
Une note pareille aussitôt y répond ;
Puis une autre. Et le cri, dans l'ombre grandissante
Se propage. Et perdreaux, dispersés dans les champs,
    De suivre en trottant les coulées,
Ou de raser la terre à petites volées,
Pour aller se blottir sous l'aile des parents.

C'est l'heure du rappel. Voici la nuit venue :
Les chaumières, les nids, tout s'endort. Il fait noir
Au ras du sol, comme en un four. Sur le manoir,
Dont l'étrange débris affecte dans la nue
    La silhouette d'un bougeoir,
    Scintille une flamme bleuâtre.
    C'est Vesper, l'étoile du pâtre,
Qui monte, et sur cette ombre, épaisse à faire peur,
Epand de sa clarté l'ineffable douceur.

Deux perdrix cependant, au fond d'une clairière,
    Seules, devisaient tristement.
    Sans pouvoir fermer la paupière.
        Pauvres gens,
    Ils avaient perdu leurs enfants !
Un faucheur sous sa blouse avait pris la nitée,
Et puis, venu le soir, il l'avait emportée,
    Au village, bien loin !
Et, depuis ce malheur, isolés dans leur coin,
    Sans espérance de lignage,
Ne sortant même pas pour aller au gagnage,
Ils passaient tout leur temps à se plaindre, à gémir :
« Ils doivent être grands ! S'ils allaient revenir ! »

    Comme ils répétaient ces paroles
Pour la centième fois, sans y croire vraiment,
    Qu'est-ce ?... dans les avoines folles
    On entend comme un frôlement.

L'herbe s'agite doucement
Et, s'entr'ouvrant, livre passage
A de jolis perdreaux, qui viennent tout joyeux
Se jeter dans les bras des vieux :
— C'est nous, mère, c'est nous ! nous venons du village ;
Le garde vient de nous lâcher
Dans le regain, et, sans perdre courage,
Vite on s'est mis à vous chercher.
Et nous voilà ! mais quelle chance !
— Pauvres petits, vous devez avoir faim.
— Non, avant de partir, nous avons eu du pain
Et des œufs de fourmis. C'était bombance,
Soir et matin, là-bas, car l'on nous aimait bien,
La garde, le seigneur, et toute la famille...
On n'a jamais manqué de rien.
— Il faut dire d'abord que l'homme à la faucille
Nous avait portés au château...
— Comme c'est grand ! comme c'est beau !
Que de poules, que de pintades !...
— Les poules, bonnes camarades !
Mais les pintades nous battaient...
— Pauvres chéris ! — Alors les enfants leur jetaient
Des grêles de petites pierres...
— Et puis nous commencions à voler...
— Alors le maître a dit : faut les laisser aller
Dans le regain, près des bruyères.
Nous les retrouverons. — Le maître a dit cela ?
— Oui, père, il est si bon ! Et le garde lui-même

Tantôt, en nous quittant, nous a dit : Restez-là.
Au revoir, mes amis. Tu vois comme il nous aime !
— Hum ! il vous aime trop, grommela le vieux coq,
     Et vous lui seriez bientôt hoc,
         Pauvres petits sans défiance,
     Si vos parents n'étaient pas là.
     Ils n'avaient pas prévu cela,
Ces maîtres généreux, éleveurs de l'enfance,
     Qui ne veillaient ainsi sur vous
Que pour se procurer l'aimable jouissance
     De vous voir périr sous leurs coups.
     Quel calcul ! quelle perfidie !
     Tant il est vrai que dans la vie
     Il est souvent tel bienfaiteur,
     Dont il est sage d'avoir peur. —
     Et là-dessus, sans tambour ni trompette,
Se défila le gentil bataillon.

Tous à la *queue-leu-leu*, par un petit layon
Qui mène au fond des bois, la plus sûre cachette.
  Conteur aimé, conteur aimable,
  Qui, de votre plume adorable,
  Avez peint, en un frais tableau,
  Les infortunes d'un perdreau,
  Ce récit, non moins véridique,
  Vous est dû naturellement,
    Et doublement.
  Car c'est un détail authentique
Que votre *Perdreau rouge*, aujourd'hui si fameux !
Sauvé par un ancien le jour de l'ouverture,
N'est autre que mon coq, qui fut assez heureux,
Pour sauver à son tour sa chère géniture,
  Dont je vous ai dit l'aventure.
  Et puis j'ai connu Tartarin !...
  Comme vous, comme tout le monde.
  Au doux pays du tambourin,
Dans les sentiers du *grès*, bordés de romarin,
Que de fois je l'ai vu qui conduisait la ronde !
  Car ce n'était pas un sans-cœur
  Ce Tartarin, ne vous déplaise,
  Et jamais il n'avait eu peur,
Pas plus devant un bœuf, que devant une Arlaise.
  En abordant au rivage africain,
  Travaillé d'un projet sublime.
Certe ! il ne doutait pas qu'une noble victime,
  Digne de son cœur magnanime,

Ne vînt, à point nommé, lui tomber sous la main,
Issue exprès des bois, du ravin, de l'abîme !
Ce n'est pas sur l'effet, mais sur l'intention
  Qu'il faut juger toute action.
Embusqué bravement... non loin d'un bastion,
Il pensait au trappeur perdu dans la Savane,
Au monstre, dont la voix glace la caravane !
Le monstre ne vint pas : il n'aperçut qu'un âne,
  Mais il attendait un lion.
  Et voilà pourquoi, mon cher maître,
  Nous qu'un dieu bénin a fait naître
  Sous ce noble ciel provençal,
  Comme Thiers, et comme Mistral,
  Nous aimons tant cette Provence ;
  Et qu'en elle nous nous aimons,
  Et qu'en elle mieux nous sentons
  Battre le cœur de notre France.
Oui, devant ses tableaux, devant ses horizons,
Toujours nets, toujours purs, en dépit des saisons,
  Nous portons tous en nous ce signe :
L'aversion du laid, de l'obscur, du banal.
Peintres, littérateurs, tous, chasseurs d'idéal,
  Nous avons la même consigne :
Attendre le lion, dédaigner le chacal.

ENVOI

Réservez, maître, un doux accueil
A cet humble petit recueil,
Qui, comme neige, a fait la boule.
C'est au pays de Tartarin,
　　Loin de la foule,
Que je l'ai cueilli brin à brin,
Comme un bouquet de férigoule.

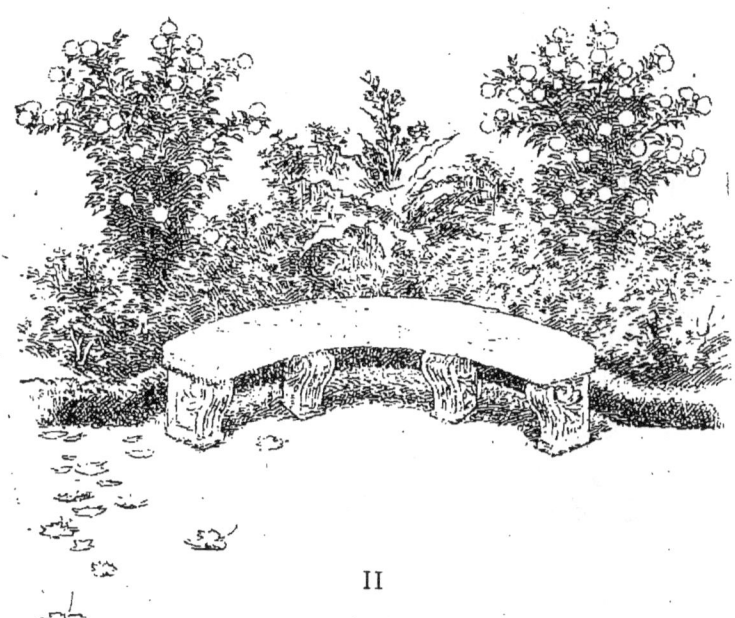

II

L'ACACIA ET LE PEUPLIER

A JENNY

Un peu loin de l'allée, au milieu du gazon,
Dont la fine verdure encadrait la maison,
    Un acacia séculaire
    Etalait ses rameaux épais,
    Arrondis en forme de dais,
    Au-dessus d'un banc circulaire.
Dans le massif voisin, les arbres les plus beaux,
    Au-dessus de mille arbrisseaux,
S'entre-croisaient, d'aucuns s'élançant dans l'espace,
    D'aucuns retombant avec grâce,
    Cascadant ou pyramidant :
Feuillages d'or brochés sur feuillages d'argent.

L'ACACIA ET LE PEUPLIER

D'un triple rang de fleurs s'égayait la bordure.

Au centre, un peuplier superbe, déjà vieux,
    Dressait hardiment vers les cieux
    Sa haute flèche de verdure,
Dont le bout dépassait le toit de la villa.
    Offusqué de ce voisinage,
      Le gros acacia
Dit au grand peuplier, un certain jour d'orage :
    — Je vous plains bien sincèrement,
    Car c'est pour vous un vrai tourment
      Que ce vent !
Quel déchaînement, quelle houle !
Quant à moi, je me ris de sa vaine fureur :
    Je me tiens coi, je fais la boule.
    Mais vous, votre excès de hauteur
      Vous livre sans défense
Aux assauts du mistral, sitôt qu'il entre en danse.
    Sous la tempête de ses coups
Je vous entends gémir, sans pouvoir rien pour vous.

Le *peuple*, profitant d'un instant d'accalmie,
Lui répondit : — Merci de votre sympathie,
    Merci, voisin, mais calmez-vous :
Je me ris comme vous de ce bruyant courroux.
    Je fais mieux : sans courber l'échine,
Puissamment arc-bouté sur ma triple racine,
Je tiens bon, je combats ce stupide souffleur.

Voilà plus de cent ans que nous luttons ensemble.
Il me connaît. Et ne croyez pas que je tremble.
Je courbe le cou, soit! mais, comme le lutteur,
Pour mieux le relever, et je reste vainqueur !
Et tenez, il faiblit; l'ouragan se fait brise.
 Il fait moins noir, on y voit mieux.
Et vous pouvez d'en bas voir, avec de bons yeux,
 Dans l'obscure clarté des cieux,
 Le profil de ma tête grise.
Déjà le jour, qui pointe à l'horizon,
 Me détache un pâle rayon ;
Cependant que, noyés encore dans les voiles
Que la nuit peu à peu replie autour de moi,
 Vous ne voyez ni les étoiles,
 Ni l'aube qui rougit. Mais quoi !
Le Dieu, voici le Dieu! le Dieu qui tout ranime.
 Il émerge du sein des eaux,
Embrasant de ses feux le transparent abîme.
Le premier je m'incline, et les petits oiseaux,
 Les chardonnerets, les moineaux,
Pour mieux le saluer, se perchent sur ma cime.
Cessez donc de me plaindre, ô mon brave voisin.
 Quand on a reçu du destin,
 Comme moi, la force et la taille,
 Il faut savoir livrer bataille. —

Ce peuple parlait sagement,
Bien qu'il manquât un peu, peut-être, de mesure.

Tel a le goût de l'aventure ;
Tel autre celui du logis.
Vous, vous parlez, et moi, j'agis.
Chacun suit son instinct, sa pente, sa nature.

VI

LA SAUTERELLE ET LE GRILLON

A ÉMILIE

Des ailes !

Dans le creux d'un sillon,
Qui bordait d'un trait rouge une verte prairie,
La Sauterelle, le Grillon
Allaient un jour de compagnie,
Clopin-clopant, mêlant à leur excursion
Un petit brin de causerie :
— Que je suis lasse, ami Grillon
Dit tout à coup la Sauterelle,
De piétiner dans ce sillon
Comme si je n'avais pas d'aile !
Allons-nous traverser ainsi
De ce pré l'immense étendue ?

LA SAUTERELLE ET LE GRILLON

J'ai l'habitude, Dieu merci !
Quand je vais quelque part, d'être plus tôt rendue.
Bondir, voler, voilà ma loi !
Il me suffit d'un saut. » — « Saute, saute, ma mie,
Répondit le Grillon, si telle est ton envie.
Sous le couvert des prés où je cache ma vie
En été, dans l'herbe fleurie,
Moi, j'aime mieux glisser, et je vais devant moi
Sans avoir besoin de boussole !
C'est plus long, mais je me console
En pensant que je suis moins exposé que toi.
Ne va pas pour cela te gêner, camarade.
Pendant que je me traîne, attaché sur le sol,
Prends ton vol :
Nous nous retrouverons là-bas, à la cascade. —
Il dit. L'autre, à ces mots, tire de leur écrin
Deux paires de petites ailes,
Les unes faites de dentelle,
Les autres faites de satin.
— Satin rouge, dentelle blanche ! —
Et la voilà partie. Elle va bravement,
D'un premier vol, tomber sur la plus haute branche
D'une reine des prés aux panaches d'argent.

Survient un pensionnat de jeunes demoiselles
Qui s'ébattaient à travers champs.
— Tiens, quel bonheur ! des sauterelles !
Et toutes, en même temps,

Sautant, batifolant, poussant des cris de joie,
Courent dans l'herbe, autour des flaques d'eau,
A la poursuite de leur proie.
La pauvrette va, vient, fait des crochets, tournoie,
S'arrête, puis repart. Elle échappe !... Un oiseau
Qui, du haut d'un chardon, guettait quelque aventure,
Vous la happe au passage, et la porte en pâture
A sa vorace géniture.
Pendant ce temps-là, le Grillon
Arrivé sans encombre au pied de la cascade
Attendait vainement sa pauvre camarade.
Un papillon,
Qui de la Sauterelle avait vu le déboire,
Comme il passait pour aller boire,
Lui conta la tragique histoire.
Et c'est le Grillon même, ici, qui, l'an dernier,
Un soir d'hiver, à mon foyer,
Suspendit un moment sa petite musique,
Pour m'en faire à son tour le récit authentique.
— Eh bien, le croiriez-vous ? dit-il en terminant,

LA SAUTERELLE ET LE GRILLON

Le souvenir de ma petite amie
Bien souvent assombrit ma vie.
Que de fois j'ai maudit cet oiseau, ce méchant !
— Eh ! qui n'est pas méchant, hélas ! sur la Planète !
— Il est trop vrai, mais parmi vous
Il en est au moins un, vraiment bon, toujours doux,
C'est l'ami des petits, des humbles : le poète !
Quant à ma pauvre amie, elle avait un seul tort,
Que partagent, hélas ! toutes les sauterelles :
Elle était vaine de ses ailes.
Et ce sont elles
Qui furent cause de sa mort.

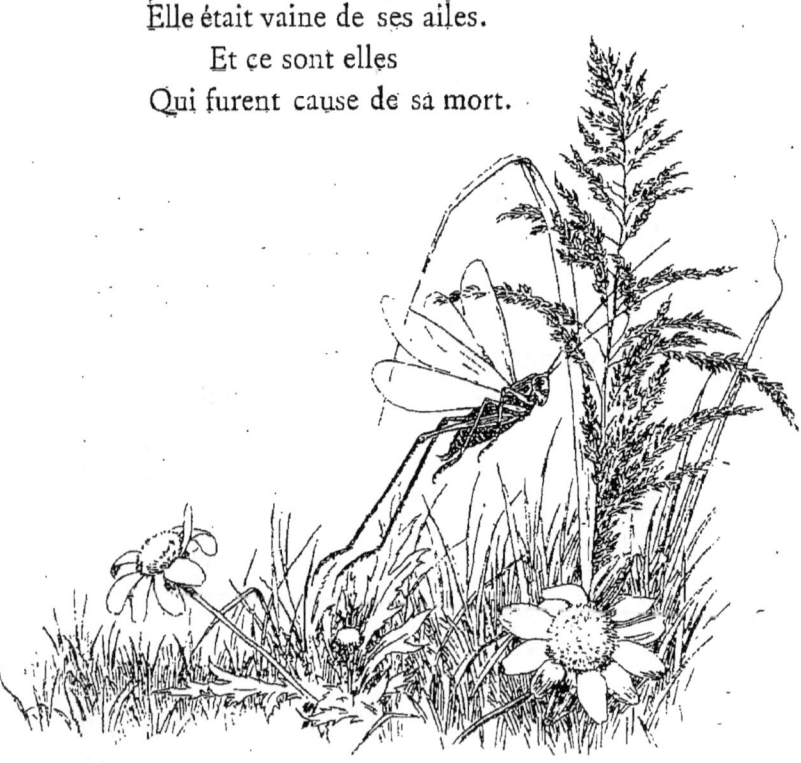

LES BŒUFS

ALIAS : *D'un bœuf qui regardait passer un train.*

A M. CAMILLE DOUCET
Secrétaire perpétuel de l'Académie française.

Au beau pays de Normandie,
Sur la pente d'une prairie
Que bordait le chemin de fer,
Un jeune veau, le nez en l'air,
Ecarquillait les yeux, stupéfait, immobile,
En voyant passer à la file,
Sans savoir comment ni pourquoi,
Un interminable convoi !
— Mais quelle est donc cette merveille,
Dit-il enfin
A son voisin,

LES BŒUFS

    Un grand bœuf roux du Cotentin ?
Je n'avais jamais vu de voiture pareille.
    Le grand char, couronné de foin,
Que vous traînez le soir, en rentrant à l'étable,
    Me semblait vraiment admirable ;
Mais voilà qui vaut mieux, et qui va bien plus loin.
    — Trop loin ! répondit l'autre bête,
    Gravement, en hochant la tête.
    Pour moi, je serais bien surpris
    Si ce train n'allait à Paris,
Dans un certain quartier qu'on nomme *la Villette*.
    Par la portière des wagons,
    Tous ces bœufs qui passent la tête,
    Ce sont nos pauvres compagnons.
    Crois-tu qu'ils aillent à la fête ?
Les hommes ont toujours fait métier de bourreau.
Ils nous ont de tout temps décimés, mais sur place.
En l'honneur de leurs Dieux, les prêtres, sotte race,
Nous faisaient à l'autel périr sous le couteau,
Choisissant avec soin les plus gras, les plus beaux.
Les autres vieillissaient aux rustiques travaux.
    Maintenant on nous tue en masse !
    Plus de temples ! Des abattoirs
    Qu'un flot de sang toujours arrose.
On nous y mène tous, jeunes, vieux, blancs ou noirs,
    Mais sans nous couronner de rose !
    Et voilà le triste chemin
    Que nous prendrons tous : moi, demain,

Et vous après, à tour de rôle,
Pour la broche ou la casserole.
Infatigable est l'appétit
De l'ogre qui nous engloutit,
Mais il n'a plus besoin de bottes de sept lieues.
Perçant les monts, sautant les vaux,
Enjambant les profondes eaux,
Les étangs verts et les mers bleues,
Une ogresse nouvelle explore tous les coins,
Pour assouvir tant de besoins.
C'est elle qui déroule au travers de la plaine
Cet immense ruban et de fer et de feu,
Où glisse, en un tourbillon bleu,
Le monstre ailé qui nous emmène.
Adieu les coins ombreux, le pacage écarté,
Où nous paissions du moins avec tranquillité.
Plus cruelle que les Furies,
La vapeur vient nous prendre au sein de nos prairies
Et nous emporte aux boucheries.

Le bonheur des humains, leurs merveilleux progrès,
Sont faits de nos malheurs : nous en payons les frais.

VII

LE RÉVERBÈRE ET LE CIERGE
OU LE PROGRÈS DES LUMIÈRES

A M. CUVILLIER-FLEURY, DE L'ACADÉMIE FRANÇAISE
(*Qui avait accueilli favorablement mes premières Fables.*)

Dans une ville d'Italie
Que je ne vous nommerai pas,
Devant une niche, fleurie
De roses et de lilas,
En l'honneur du mois de Marie,
Brûlait, soir et matin, sur un grand chandelier,
Un petit cierge.
A sa faible lueur, dans l'ombre du pilier,
Se dressait bien vêtue, avec un beau collier,
La Sainte-Vierge.

Un réverbère au coin de la maison
Se balançait d'un air plein d'importance
Au bout d'une belle potence,
Allongeant dans la rue un oblique rayon :
— Toi, se prit-il un jour à dire,
Cierge, mon bon, tu me fais rire.
Est-ce la peine, en vérité,
De consumer ainsi ta cire
Pour produire, en fait de clarté,
Un point rouge !
Qui pour un rien vacille et bouge,
Et dont le merveilleux éclat
N'a guère d'autre résultat
Que de redoubler les ténèbres.
Autour de tes lueurs funèbres
Regarde-moi !
Voilà vraiment de la lumière ! »
« — Vous croyez, illustre confrère ?
Répondit l'autre, sans émoi,
Mais voyez au bout de la rue
Cette belle et grande avenue,
Où passe du soir au matin
Maint cavalier, maint équipage :
Très brillant en est l'éclairage ;
Mais vos fameux quinquets n'y sont pour rien, je gage,
Bien petit est votre destin,
Et la loi du progrès vous relègue au village.
Que dis-je ? Le gaz même arrive à son déclin.

Plus loin que l'avenue, au milieu de la place,
Admirez ce foyer, ce globe lumineux !
On dirait d'un soleil descendu de l'Espace,
Pour relayer celui qui se cache à nos yeux.
    Donc, vous ferez bien d'en rabattre,
Et de ne pas traiter les gens du haut en bas.
D'autant que sûrement vous ne me valez pas.
    Ma petite lueur bleuâtre
    Emprunte toute sa valeur.
    Aux saintes croyances du cœur ;
Mais dans l'ordre des temps, vous, monsieur le rieur,
    Vous n'êtes qu'une vieillerie.
Bien sot qui méconnaît, bien fou qui déprécie
    Les prodiges de l'Industrie.
    Mais la Poésie et l'Amour
Suivront l'humanité jusqu'à son dernier jour,
    Pour la consoler de la vie !

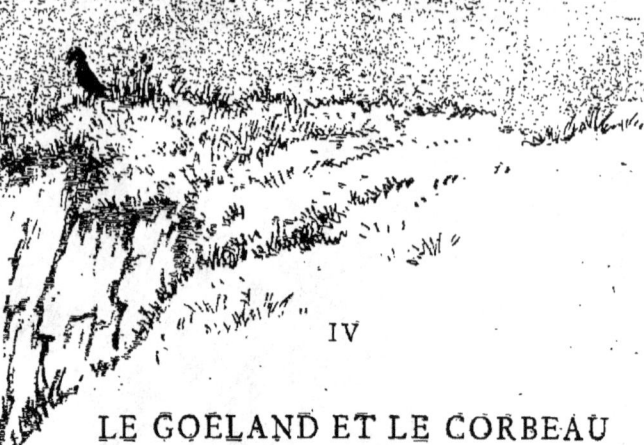

IV

LE GOËLAND ET LE CORBEAU

A VICTOR HUGO

Au sommet de la falaise
 De Saint=Blaise
Le Goëland venait de se poser. Pensif,
Il fouillait de là-haut la plage, noir récif,
 Où la mer, en montant, se ruait avec joie,
  Prête à lui jeter quelque proie,
  Sole, sardine ou maquereau.
   Un Corbeau,
Qui souvent, paraît-il, du haut de quelque branche,
Avait du Goëland admiré l'aile blanche,
  Auprès de lui vint se percher
   Sur un rocher.
— Que c'est beau d'être blanc, pensait-il en lui-même
  Et de pêcher en pleine mer !
  On a du poisson tout l'hiver ;
  Et surtout au temps du carême !
Cependant qu'il nous faut retourner tout un champ
  Pour y déterrer un ver blanc ! »

Le Goëland, qui comprend son envie,
Se tourne, et lui va dire avecque bonhomie :
— « Ami Corbeau,
Sûrement, vous n'êtes pas beau ;
Mais vous avez à votre usage
Bonnes ailes, bon bec, bon estomac. Je gage
Que vous vous ennuyez de rester sur la plage,
A tournoyer sans cesse en rond
Au-dessus de ce vieux donjon,
Comme si vous étiez en cage.
Que ne faites-vous comme moi ?
En pleine mer, en plein orage,
On est tranquille, et plus heureux qu'un roi,
Le couvert toujours mis, sans souci du ménage !
Aimez-vous les merlans, les rougets, les anchois ?
On n'a que l'embarras du choix.
Tandis qu'ici, quelle vergogne !
Vous vivez quinze jours d'un reste de charogne.
— « J'adore le poisson, répliqua le Corbeau,
Et souvent, quand la mer est basse,
Vous me verriez pousser l'audace
Jusqu'à voler au bord de l'eau
Pour pincer quelque bigourneau. »
— « Fi de vos affreux coquillages !
Dit l'oiseau de Neptune, avec un grand mépris,
Tant que vous n'aurez pas surpris
Un banc de maquereaux, fréquents dans ces parages,
Pour moi, vous ne saurez jamais

Ce que c'est que le poisson frais ! »
— « Sans doute, fit l'autre, sans doute !
Le maquereau ! Je donnerais beaucoup,
Rien que pour en savoir le goût ;
Mais je crains de rester en route.
Il ne me fait pas peur ! Mais, pour en approcher,
Pour le piquer dans l'eau sans se mouiller les plumes
Au milieu de ces flots d'écume,
Dame ! Il faudrait savoir pêcher. »
— « Erreur ! Il n'est pas nécessaire.
Un corbeau, c'est intelligent.
Vous allez me regarder faire,
Et puis vous en ferez autant.
Et tenez, voyez-vous, dans le pli de la vague,
Ce fourmillement lumineux ?
— Je ne vois rien. — Eh bien, dites que j'extravague
Si nous ne tombons droit sur eux. »
Et, déployant soudain son envergure entière,
Le Goëland, joyeux, poussa son cri de guerre.
Maître Corbeau ne fit qu'un bond
Pour se lancer dans la carrière,
Et les autres, sur le donjon,
Cessèrent de voler en rond.
D'abord à l'horizon, sur un ciel tout en flammes,
Embrasé des reflets du soir,
Ils purent voir
Un point blanc, suivi d'un point noir.
Et puis tout disparut. Soudain, entre les lames,

Se montra de nouveau l'aile du Goëland
Volant
Au-dessus de la plaine humide.
Dans son bec il tenait, frétillant et vermeil,
Un maquereau, qui luisait au soleil.
On eût dit le joyau de quelque Néréide
Arraché du gouffre liquide !
Quelques instants après, le roi des Goëlands
Soupait de son poisson, sur la vieille estacade
Qui ferme l'accès de la rade;
Et les poissons en même temps
Mangeaient, au fond des mers, son pauvre camarade
Pendant que de nouveau,
Là-haut,
Au sommet de la falaise
De Saint-Blaise,
Les corneilles volaient en rond
Sur le donjon,
Que dorait un dernier rayon.
Plus haut que les glaciers, plus haut que l'avalanche,
Par delà les déserts, les bois, les océans,

ue blanche

...
Que c'est beau de voler ! Le poète est oiseau,
Musa ales, oiseau de sublime envergure !
Pour moi, plus avisé que le pauvre corbeau,
Dont je viens de conter la tragique aventure,
Je reste au bord du nid, perché sur un créneau,
Tranquille, et, sans poursuivre un succès illusoire,
J'admire de mon trou l'immensité de l'eau,
    Et l'immensité de ta gloire !

III

LE PARADIS RETROUVÉ

A NELLY

Quand Dieu, dans sa juste furie,
Voulut perdre le genre humain,
Sur les montagnes d'Arménie
Il amassa les eaux. Soudain,
Un flot noir, hideux, formidable
Se rue au travers des rochers,
Emportant tout, maison, étable,
Bêtes et gens, barques, nochers !

Toujours interdit aux fils d'Eve,
Loin des sommets, à mi-coteau,
Le Paradis, comme un beau rêve,
Riait au penchant d'un ruisseau :

LE PARADIS RETROUVÉ

Ruisseau charmant, qui, sous les hêtres,
Dans les fleurs, parmi maints détours,
Offrit à nos premiers ancêtres
Le lit des premières amours !

Hélas ! hélas ! L'onde cruelle,
S'emparant de ce doux jardin,
Comme d'un nid de tourterelle
Pendant aux buissons du ravin,
L'entraîne, et dans la vaste plaine,
Où peu à peu montait le flot,
On vit vers la plage africaine
Voguer le gracieux îlot.

Mais le noir souffle des orages
Le saisit dans un tourbillon,
Et le lance dans les nuages,
Comme la paille du sillon !
Il retomba sur les montagnes
Dont les grands pics ennuagés
Gardent la route des Espagnes :
Les bords étaient endommagés.

D'après la légende attitrée,
Il paraît, aimable Nelly,
Qu'une moitié de la hêtrée
Glissa sur les flancs du Gourzy.

L'autre, par le gave entraînée,
S'arrêta dans les fonds d'Ossau ;
Ile charmante, fortunée !
— C'est l'Oasis, Eden nouveau.

Là, des eaux qui jasent sans cesse ;
Là, d'impénétrables couverts,
Et l'herbe douce ! et la mollesse
Du dormir sous les arbres verts !
— Mais c'est le Paradis biblique
Disais-tu, n'est-ce pas vraiment ?
Et tu disais vrai, doublement...
Car c'est ainsi que tout s'explique.

VIII

LE MOULIN

AU DOCTEUR PIDOUX

Quand le père Jonas en entrant dans la classe,
Disait : « Je suis content des devoirs ce matin ;
Pour vous récompenser, que faut-il que l'on fasse ? »
Nous répondions en chœur : Menez-nous au moulin.
Le moulin ! coin charmant, dont l'image rustique,
Plus d'une fois depuis a tenté mon pinceau :

Plein de gaîté le jour, le soir, mélancolique ;
Silencieux, malgré le murmure de l'eau.
Un petit bout de pré descend en pente douce,
Entouré de noyers, de frênes et d'ormeaux.
Les feux du jour, brisés par leurs mille rameaux,
Y jettent des reflets qui tremblent sur la mousse.
Bifurqué dans son cours par un petit chenal,
Le ruisseau se partage : Une faible partie
Continue à couler sous la rive fleurie ;
Des troncs d'arbre, creusés en forme de canal,
Et portés sur des pieux à travers la prairie,
Prennent et versent l'autre en un petit bassin
Taillé dans le rocher en amont du moulin.

O Pont-du-Gard, ta noble architecture
Proclame la grandeur de l'Empire romain !
Mais cet humble aqueduc, si simple en sa structure,
Raconte les débuts du savoir-faire humain,
 Et, dans son cadre de verdure,
 S'adapte mieux à la nature.

Cependant le canal toujours sur quelques points
Laissait fuir sa liqueur qui suintait goutte à goutte.
Et quel amusement d'en élargir les joints,
 Par où l'eau se perdait en route !

 Un jour d'Avril — il m'en souvient, —
 Le maître, assis sur le barrage,

Expliquait à son entourage,
L'hymen des fleurs, comment la graine vient,
Comment la plante se propage.
Groupés autour de lui, nous qu'on nommait *les forts*,
Nous écoutions bouche béante ;
Les autres s'ébattaient en glissant sur la pente,
Se laissant rouler sans efforts
Dans l'herbe, et puis riant, poussant des cris de joie.
— Maître, il faudra qu'on les renvoie.
On n'entend rien !
C'est bête de crier pour rien.
Pourquoi jouer ainsi quand ils pourraient apprendre ?
— Pourquoi ! nous dit Jonas, c'est qu'il en est de nous
Comme des eaux ; vous allez me comprendre ;
Et sans chercher bien loin : l'exemple est devant vous.
Voyez ce ru tombé des collines prochaines :
Il est arrivé jusqu'ici,
Au hasard de la pente, aimable et sans souci,
Caressant les fleurs riveraines ;
Image de nos ans d'abord exempts de peines !
Mais l'obstacle a surgi : C'est le moment fatal.
Le voilà qui se brise et reflue. Il tournoie
Un instant pour chercher sa voie :
Une part bravement enfile le chenal.
L'autre part, à travers l'écluse,
S'échappe sans quitter son lit.
A flâner dans la lande on la voit qui s'amuse,
Et va se perdre sans profit.

Le ruisseau devient marécage,
On ne saurait finir plus mal.
Bien différent est le partage
De l'eau qu'emporte le canal.
Gênée en son cours, refoulée
Dans le bassin, accumulée,
Elle va centupler sa force... Bien, assez ;
L'éclusée est complète. A présent, regardez. —
Au même instant l'eau s'élance et ruisselle,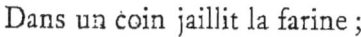
Et la roue à grand bruit commence à se mouvoir,
Blanchissante d'écume au fond de son trou noir.
Le moulin tremble : on dirait qu'il chancelle ;
La meule lourdement pivote sur le grain ;
Dans un coin jaillit la farine ;

Et tout le branlebas de la lourde machine
    Est l'affaire d'un tour de main.
    Il a suffi d'ouvrir la bonde !
— Eh bien ! reprit Jonas, poursuivant l'entretien,
    Que la leçon vous soit féconde :
    Un peu de gêne fait grand bien !
    Pour être fort dans ce bas monde,
        Pour réussir,
    Il faut faire comme cette onde,
    Il faut savoir se contenir. —

En mettant votre nom au haut de cette page,
    Docteur, j'ai voulu simplement
    Accentuer plus fortement
    Le sens de ce petit ouvrage.
    Qui ne voit le rapprochement ?
    Où rencontrer une existence
    Conduite plus utilement,
    Plus sûrement, plus noblement,
    Par les canaux de la science,
    Jusqu'aux pieds de ce monument
Que nos aïeux nommaient le temple de Mémoire ?
Au sommet du perron, debout, se tient l'Histoire.
Plus haut, dans l'hémicycle un siège vous est dû.
        C'est entendu.
Esculape lui-même en a marqué la place
A côté de Trousseau, dont vous gardez la trace.
    Et pourtant, quel qu'en soit l'honneur,

Laissez-le vacant, cher Docteur,
Le plus que vous pourrez, si vous voulez m'en croire
Vivez encor pour nous, c'est bien plus méritoire.
　　Du repos qui suit la victoire
　　Goûtez l'ineffable douceur;
Et ne vous pressez pas d'entrer dans votre gloire.

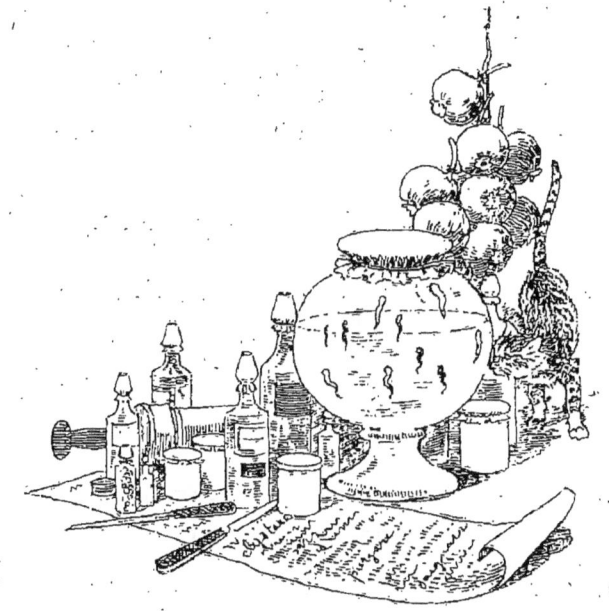

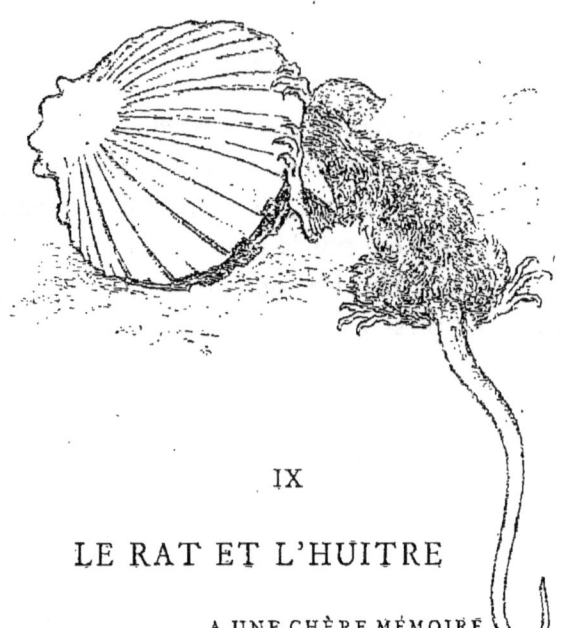

IX

LE RAT ET L'HUITRE

A UNE CHÈRE MÉMOIRE

Il vous souvient de l'aventure
De cet écervelé de rat,
Qui, mécontent de son état,
Fatigué d'être heureux dans la pauvre masure
Où l'avaient élevé les auteurs de ses jours,
Partit un beau matin, sans rien dire à son père.
Il voulait se donner carrière,
Trotter d'abord aux alentours ;
Puis aller voir l'Atlas, grimper sur son épaule ;
Puis, ensuite, qui sait ? escalader le Pôle,
Et grignoter là-haut les étoiles. Mais las !
Il n'avait pas fait trois cents pas
Qu'il se fit prendre, le bélître !
Par une huître !

Qu'il prétendait s'offrir pour son premier repas.
Maître Jean, qui jadis nous conta cette histoire,
    N'en a jamais connu la fin.
C'est moi qui l'ai trouvée en un vieux parchemin,
    Dont j'ai débrouillé le grimoire.
    Il est donc aujourd'hui certain
Que notre voyageur partit de grand matin.
    Mais la sagesse paternelle,
    Heureusement veillait sur lui.
Le vieux, en entendant remuer la javelle,
Au moment où, quittant la couche maternelle,
    Le jeune fou s'était enfui,
    Avait deviné l'escapade,
Mais il ne bougea pas. « Ah ! Ah ! mon camarade,
    Tu veux prendre la clef des champs
    Sans consulter tes grands parents !
Rien ne sert des vieillards la vaine sapience !
    Va, mon garçon,
Et, puisque tu le veux, que dame Expérience
T'inflige avant ce soir une rude leçon. »
    Pourtant, à la faveur de l'ombre
    Car le ciel était encor sombre,
— Sur la mer seulement pointait quelque lueur, —
Le père avait suivi le jeune voyageur.
    Il le vit trotter sur la plage
    Et s'approcher d'un coquillage
Qui, largement ouvert, humait l'air du matin
    Non sans guetter notre gamin.

LE RAT ET L'HUITRE

« Prends garde, lui cria le père,
         N'avance pas,
     Jeune sot, jeune téméraire,
  Si tu ne veux t'exposer au trépas.
      (Il connaissait sa gourmandise
        Et prévoyait quelque sottise.)
      Que j'en ai vus. — Ah ! crains leur sort. —
Qui sont venus ici chercher la même mort! »
Mais la mer qui montait déferlait avec rage,
Et sa voix se perdit au milieu du tapage.
L'Huître, en se refermant, comme dans un étau,
Avait déjà pincé notre pauvre nigaud.
       Le vieux accourt, prend une pierre,
         Aiguisée en forme de coin,
L'introduit doucement, la pointe la première,
Dans le joint, et la pousse en guise de tarière.
De pousser bien avant il ne fut pas besoin.
L'Huître se sent blessée : elle lâche sa proie,
       Raton s'échappe, plein de joie,
Et se jette en pleurant aux bras de son sauveur.
Il avait bien un peu la tête en marmelade,
Mais il n'y songeait pas, tant il avait eu peur !
    Onques depuis ne tenta d'escapade.
       C'est ainsi que pour nous, enfants,
         Avant l'époque de l'étude,
         S'exerçait de nos chers parents
         La touchante sollicitude.
L'un, ferme autant que doux, avec son gai savoir !

L'autre, le dévouement, sans bornes, sans mesure :
    La Foi, la Charité, l'Espoir !
Bonne, comme elle était belle, sans le savoir :
Sainte, qui cherchait Dieu partout dans la nature,
Dans la création, et dans la créature,
N'ayant qu'à regarder en elle pour le voir !

X

LE LAPIN ET LES PETITS OISEAUX

A MA FILLEULE LOUISETTE

Sous un sophora séculaire
Dont les rameaux, à quelques pieds du sol,
Se déployaient en parasol,
Une magnifique volière
Installée au milieu d'un parc, sur le gazon,
Abritait sous son toit, caché dans le feuillage,
Tout un peuple d'oiseaux, divers par le plumage,
Aussi bien que par le ramage,
Qui du matin au soir emplissaient de chanson,
Dirai-je leur palais ? dirai-je leur prison ?
Un des hôtes du voisinage,
Bien connu — c'était Jean Lapin —
Ne manquait pas chaque matin,
Quand le ciel blanchissait, à l'heure du gagnage,

Le sujet de cette fable m'a été proposé par M. Schlesinger.
Je me suis borné à la mettre en vers.

   De pénétrer dans le jardin
   En se coulant sous le treillage
    Par un passage
Pratiqué dès longtemps à l'angle du verger.
   Vite, il courait au potager
    Où les plates-bandes d'oseille,
Les céleris bien verts et les choux presque bleus
Se coloraient déjà d'une teinte vermeille.
Et Dieu sait le dégât ! — O repas savoureux !
   O le jardinier malheureux ! —
Et le voilà, repu, qui, parmi la rosée,
   Aux pointes d'herbe tamisée,
   S'en allait trotter alentour
   De la volière. Un certain jour
Que nos petits chanteurs, dans leur cage fleurie
   De goboeas, de liserons,
En l'honneur du matin chantaient leur symphonie,
Jean Lapin qui flânait dans l'herbe, aux environs,
S'approcha tout à coup et leur tint ce langage :
— Vraiment, je vous admire, avec votre ramage.
Ma parole, on dirait que vous êtes heureux !
— C'est vrai, dit un serin en lissant son plumage.
— Comment, reprit Jeannot, eh bien, et l'esclavage ?
Voyez autour de vous tous ces jolis massifs,
Ces couverts de tilleuls, ces palissades d'ifs,
   Dont vous sépare ce grillage,
C'est là qu'il ferait bon, sous cet épais ombrage,
De cacher vos chansons, vos ébats, vos amours,

Libres ! pendant qu'aux alentours,
S'ouvre de tous côtés l'espace sans limite,
L'espace fait pour vous, créatures d'élite !
  Car un oiseau sans liberté
Ce n'est pas un oiseau. — Bien dit, en vérité,
  Ce lapin parle comme un ange !
  S'écria la grosse mésange. —
Un étourneau savant, à l'instant consulté,
  Se prononça pour la révolte.
  — C'est la veille de la récolte,
Dit un chardonneret, sauvons-nous, mes amis !
  Nous trouverons le couvert mis
A même dans les blés, et nous ferons la fête ! —
La linotte approuva d'un petit air de tête,
Et le merle s'abstint de siffler. Un moineau
Qui, depuis l'an dernier, nourri dans la volière
A bouche que veux-tu, gras à lard, débonnaire,
Goûtait peu, dans le fond, l'avis de l'étourneau,
Objecta doucement : Partir, soit ! mais la porte ? »
— Le principe avant tout ! Pour l'issue, il n'importe !
Nous verrons, répliqua messire sansonnet.
— Le principe avant tout ! cria le perroquet.
A bas Pierrot. — Oui, oui, que le diable l'emporte !
Votons pour le principe. — Ici, Jeannot Lapin,
  Satisfait de son éloquence,
Proposa de remettre à demain la séance.
— Oui, demain, mes amis, demain, de grand matin,
Vous verrez les effets de mon art. Mais silence :

26

On entend quelque bruit !
Je vais dormir jusqu'à la nuit.
Comptez sur votre délivrance ! —
Le soir même, Jeannot se mettait au travail,
Grattant, flairant, creusant, et rejetant la terre
De çà, de là, bien en arrière,
Sans outil, sans autre attirail
Que ses pieds de devant, et ses pieds de derrière.
Et des griffes, Dieu sait ! — Ni trêve, ni retard.
Mieux que machines et tarière
Il aurait de ce train percé le Saint-Gothard !
Enfin il faisait nuit encore,
— A peine une lueur, du côté de l'aurore. —
Lorsque Jeannot Lapin, par un dernier effort,
Soulève, fait craquer autour de lui la terre,
Et surgit tout à coup au coin de la volière
Noir comme un porion : il est maître du fort !
En un clin d'œil, la cage est vide.
Le maître furieux, et de vengeance avide,
Ne rêve plus que noirs projets.
Vite des pièges, des collets !
Jeannot, ravi de sa victoire,
— Quel triomphe pour un lapin ! —
Modestement se couronne de thym.
Il conte partout son histoire :
Vraiment vous refusez d'y croire ?
Eh bien venez y voir. Tenez, voilà le trou,
Par où tous ont passé, tous, le fait est notoire —

Et pour mieux l'expliquer, il avance le cou...
Pincé !... pris au lacet qui, crac ! vous le garotte.
Tant de gloire finit par une gibelotte !
    Pauvre Jeannot, dit la Linotte,
    Il nous a sauvés cependant.
    Oui, mais c'était un imprudent,
Reprit un grand serin, perché sur le même arbre.
— Oh ! que ne puis-je avoir de l'airain et du marbre,
    Ajouta l'étourneau savant.
Pourquoi ? dit le pierrot assez étourdiment.
— Pourquoi ? nous lui ferions un digne monument
    En manière de cénotaphe...
    J'ai lu ce mot, je ne sais où
      — Et quelle serait l'épitaphe ?
— Aux mânes d'un héros — d'un héros... ou d'un fou.

XII

PEINTRE ET MEUNIER

A JEAN AICARD

— Ce moulin est charmant, pittoresque ! il me plaît.
L'eau dans la grande roue, en écumant, fait rage,
Retombe avec fracas, puis s'écoule, et se tait ;
Un vieux saule, en pleurant, y traîne son feuillage.
Dans la blanche poussière on voit incessamment
Passer et repasser la charpente noirâtre.
Aux ais disjoints s'accroche une mousse verdâtre
Que le soleil revêt d'une moire d'argent.
Et quel site enchanteur ! Comme cette rivière
Entr'ouvre, dans sa fuite, un lointain vaporeux !
C'est un tableau tout fait, ma foi : bonne lumière,
Premiers plans bien compris, horizon merveilleux...

Essayons. — Ayant dit, notre artiste s'installe :
Chevalet, appui-main, parasol et pliant.
Il tire ses couleurs ; avec soin les étale ;
Choisit quelques pinceaux... le voilà travaillant.
  — Pour compléter le paysage,
   Pense notre homme, maintenant
  Il me faudrait un personnage. —
   Et voilà qu'au même moment
Levant le nez en l'air, joyeux, il voit paraître
La tête du meunier, qui passe à la fenêtre.
— Bonjour, meunier, — bonjour. Quoi que vous faites là
Avec tous ces engins ? je n'aimons pas cela,
Ces tubes, ces tuyaux, ces boîtes... qu'est-ce à dire ?
C'est-y que vous voulez (Il prit un air malin)
   Faire sauter notre moulin ?
  — Allons meunier, vous voulez rire.
Sur quelle herbe avez-vous marché de grand matin ?
Venez voir. — Il descend. — Tiens, tiens, mais c'est l'imag
De mon moulin. C'est-y qu'on voudrait l'acheter ?
— Et quand cela serait ? — Peut-être vous, je gage ?
— Peut-être. — Eh bien, pour lors, vous pouvez emporter
Tout ce bel attirail : Beaulieu n'est pas à vendre !
Moi, vendre mon moulin, reprit-il d'un air tendre,
Ah ! monsieur, c'est plaisir de le voir travailler.
— Je ne dirai pas non. — Gardez-vous de railler.
Quelle roue... un trésor : Un filet d'eau la pousse.
— Et quelle eau ! Claire et noire, où surnage la mousse,
Où tremble le feuillage, où se mirent les cieux !...

— Et la belle farine, aussi blanche que douce,
Et qui fleure, Dieu sait ! — Et quel tic-tac joyeux
Scande le grondement de l'onde qui ruisselle !
— C'est ce qui fait, monsieur, que la farine est belle.
— Encore la farine ! — Eh sans doute. Et le son ?
— Le son de la cascade ! — Eh non, quelle chanson !
Le beau son bien doré, que le blutoir tamise.
Ah ! pour le coup, voilà de belle marchandise.
Mais vous ne savez pas ce que c'est qu'un moulin.
— Moi, regardez. — Je vois, mais qu'est-ce que ça prouve ?
Vous montrez le dehors, ce n'est pas bien malin.
C'est dedans qu'il faut voir le branle-bas. — Je trouve
Moi, bonhomme, en dépit de ton esprit grossier,
Que l'aspect du moulin, vu d'ici, fait merveille :
De verdure et de fleurs c'est comme une corbeille
Posée au sein des eaux ! — C'est donc votre métier
De brouiller des couleurs ainsi sur du papier ?
— Sans doute. — Alors pourquoi vouloir, ne vous déplaise,
Acheter mon moulin ? — Pour le peindre à mon aise
Je lui ferai l'honneur d'en faire un bon tableau.
— Mon moulin n'est pas fait pour cet emploi nouveau :
   Il fait de la farine.
Cet honneur lui suffit, comme à moi, j'imagine.
Si vous étiez jamais maître de ce moulin,
Il ne tournerait plus, et c'est laid, le chômage !.. —
Notre artiste à ce mot laisse tomber sa main
Tout pensif. Puis il dit : ce serait grand dommage !
Que le moulin s'arrête, et tout s'arrête ici :

Et la roue, et la meule... et mes pinceaux aussi !
   Dans l'aspect de ce paysage,
   Sitôt vu, sitôt entrepris,
Ce n'est pas la beauté des eaux ni de l'ombrage
Qui m'a le plus touché. Je n'avais pas compris,
Ce matin, en mettant le pied sur cette rive,
L'attrait mystérieux qui d'abord vous captive.
Supposons le moulin désert, silencieux,
   Et la roue immobile
Au-dessus du courant bien uni, bien tranquille,
Me serais-je arrêté seulement ? c'est douteux.
Ce n'est pas sans raison que le meunier réclame.
Je le vois : le secret de mon ravissement
   C'est que je sentais vaguement
   Que ces beaux lieux avaient une âme !
Oui, dans le bruit rhytmé qui sort de ce moulin
Il semble qu'on entend battre un cœur... c'est certain.
Ainsi de la nature on admire l'ouvrage ;
Mais ce qui nous séduit au fond, dans son image,
   C'est la nôtre !... C'est l'être humain.

> Telle est la leçon d'esthétique
> Très profonde, très authentique,
>   Qu'au bord du Vistre, l'an dernier,
> Reçut un mien ami, peintre de son métier,
> Des lèvres d'un pauvre meunier
>   Rustique
> Et qui n'avait jamais passé pour un critique.
>   Admirable leçon,
> Mais qui pour vous, poète, est bien hors de saison.
>   Vos paysages de Provence
> Dessinés avec soin, brossés avec fureur,
> Ont tous la ligne pure et la lumière intense.
>   Ils ont tout : ils ont la couleur
> Ils ont le mouvement, — la vie et la science, —
>   Bien mieux encore : ils ont du cœur.

XI

LA DURANCE ET LE PAYSAN

A M. LEGOUVÉ
de l'Académie Française.

Un pauvre paysan, paysan de Provence,
Je veux dire avisé, sobre, laborieux,
Comme ils sont tous là-bas, sous ce ciel radieux,
Cultivait bravement, aux bords de la Durance,
    Le petit bien de ses aïeux.
Que de description le lecteur me dispense !
    Avec un peu de complaisance.
    Vous voyez la maison d'ici :
Un toit rouge, un rideau de cyprès par derrière,
Des oliviers, un champ... et le constant souci
    De sauver chaque année,
A grand renfort de soins et de précautions,

La récolte, hélas! condamnée
A l'horrible fléau des inondations.
C'est que le modeste héritage,
Conquis sur la garrigue à force de courage,
Se trouvait protégé du côté du mistral
Par une croupe de colline
Disposée en fer à cheval,
Mais qu'il était ouvert par un bout. Sort fatal !
Cinq ou six fois par an, la terrible voisine
Arrivée en deux bonds des alpestres plateaux,
Jaune, tourbillonnant, charriant la ruine,
Y poussait à grand bruit le torrent de ses eaux,
Malgré chaussée et batardeaux.
Et le tocsin sonnait au loin dans les villages !
Et les cultivateurs, devenus matelots,
S'en allaient, avec leurs bachots,
Au milieu des moissons, affrontant les naufrages,
Chercher du pain pour les enfants !
Notre homme, de plus belle, ensemençait ses champs
Ensablés, ravinés, hachés par la tourmente,
Et, prenant le dernier niveau
De l'eau,
Il élevait d'autant sa digue insuffisante.
Ses voisins l'imitaient... Vite ! la fois suivante,
Le flot, mieux contenu, montait, toujours montait,
Et finalement emportait
Fagots, madriers, sac de terre !...
Quelqu'un lui dit : « Mieux vaudrait ne rien faire.

Que vous sert un si grand effort ?
Vous ne serez pas le plus fort.
Si l'eau tout doucement couvrait votre héritage,
  Je gage
Que, sans bouleverser le champ ni la maison,
Elle vous laisserait l'engrais de son limon.
Que si le blé périt, faites du pâturage. »
  Le conseil était sage.
L'autre le crut, et, depuis ce moment,
Rivière et riverain firent très bon ménage.

Dans le monde, à vrai dire, il est tel personnage
  Emporté de tempérament,
Qui, si vous résistez, vous malmène avec rage.
C'est un fou furieux, qui plus rien ne ménage !
Ayez l'air de céder : il deviendra charmant.

ÉPILOGUE

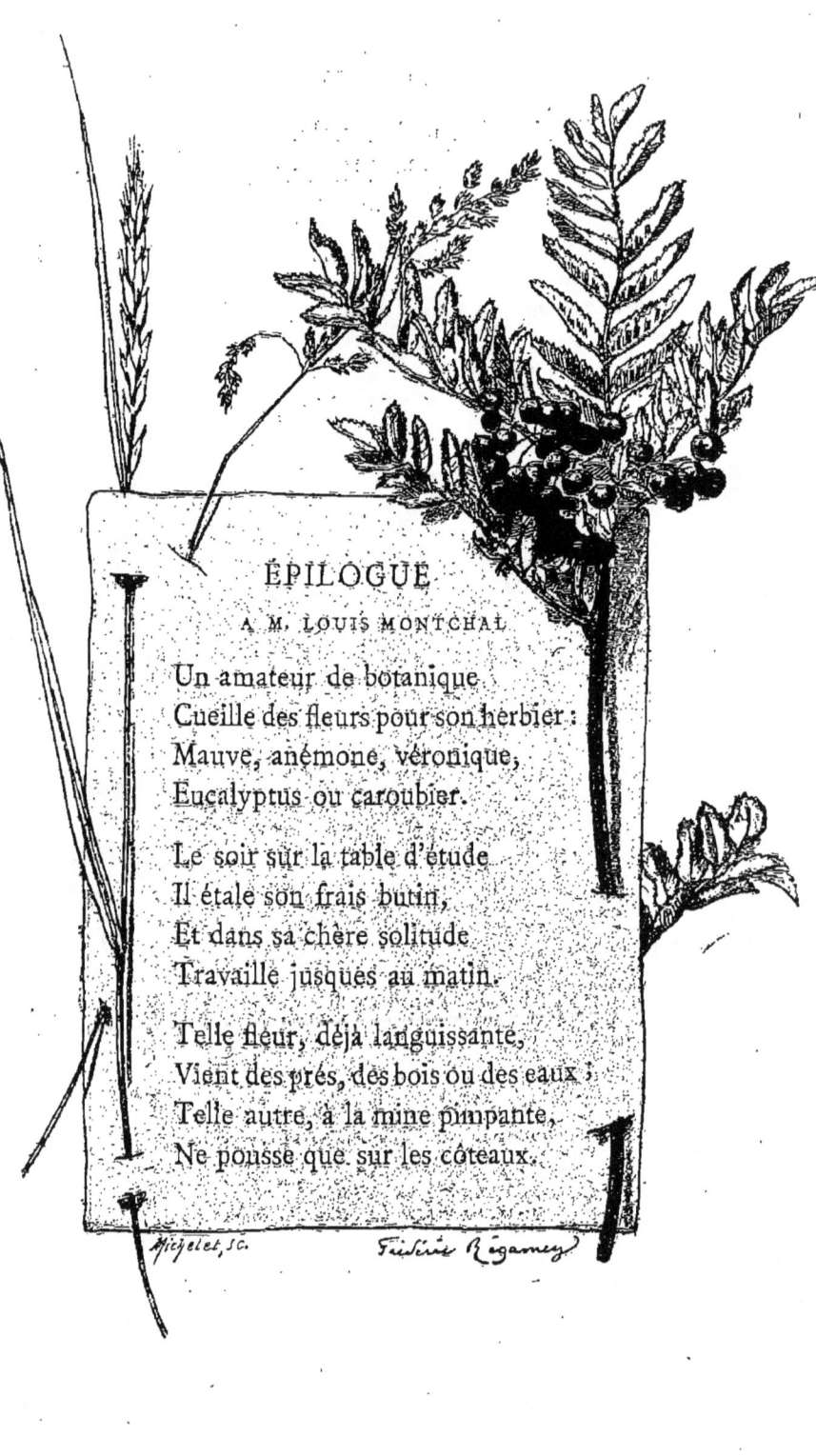

ÉPILOGUE

A M. LOUIS MONTCHAL

Un amateur de botanique
Cueille des fleurs pour son herbier :
Mauve, anémone, véronique,
Eucalyptus ou caroubier.

Le soir sur la table d'étude
Il étale son frais butin,
Et dans sa chère solitude
Travaille jusques au matin.

Telle fleur, déjà languissante,
Vient des prés, des bois ou des eaux ;
Telle autre, à la mine pimpante,
Ne pousse que sur les côteaux.

Celle-ci, belle, mais banale,
Se prodigue dans les blés verts ;
Celle-là, plus sentimentale,
Se dérobe sous les couverts.

Chaque brin d'herbe le ramène
Aux lieux dont il fut l'ornement ;
Il revoit le chemin, la plaine,
Et la montagne !... par moment,

Au lieu de travailler, il rêve !
Il rêve à ce jour qui finit ;
A sa jeunesse qui s'achève !...
Pendant que son herbier s'emplit.

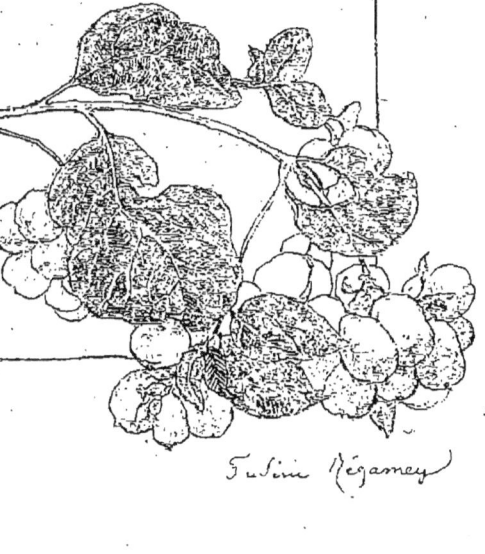

VARIA

VARIA

I

REMEMBRANCE

À MADAME M***

O gentille maison proprette
Assise à l'angle du chemin,
Simple, point grande, point coquette,
Au milieu d'un petit jardin.
Un jardin ? Non, une corbeille,
Avec du sable tout autour :
Quatre espaliers, plus une treille !
Cinquante pas en font le tour.
La grille à l'Orient fait face,
Dorée... aux rayons du matin,
Riche d'ornements... où s'enlace
La glycine avec le jasmin !

Le ru coule sur la lisière
Au couchant, d'un air paresseux.
Sous un toit festonné de lierre
Le lavoir se dérobe aux yeux.
Mais quand le soir, rouge fournaise,
S'allume derrière les ifs,
L'eau luit... on dirait d'une braise
Tombée au travers des massifs.
O maison, joyeuse naguère,
Pleine de chants, pleine de bruit,
Te voilà morne, solitaire :
Nid délaissé, rêve détruit !
Stores baissés et porte close,
Quel silence ! quel abandon !
On entendrait ce que la rose
Dit dans un coin au papillon.
C'est l'heure ! ils vont mourir ensemble
Dans une caresse expirés !...
Heureuse la mort qui rassemble
Ceux que la vie a séparés.

II

BOUTADE

A PIERRE DESCHAMPS

Si vous croyez que je m'amuse,
Vous vous trompez énormément !
La Sciatique est une muse
Qui plaisante bien rarement.

Pour répondre à votre lyrisme,
Je lui demande un mot ou deux :
Elle m'offre un nom : Rhumatisme,
Et puis un adjectif : Goutteux !

Au diable la femelle inique !
Revenons à nos anciens dieux !
La poésie et la Musique,
Et l'Amitié, fille des cieux.

Ce sont les Dieux de la jeunesse ;
Ce sont les nôtres, car nos cœurs.
Au seuil même de la vieillesse,
Ont gardé les nobles ardeurs,

Les élans généreux de l'âme,
Les sereines convictions,
La haine des sots, et la flamme
Des saintes indignations !

Vieillissons ainsi ! Dans la vie
Avançons, maître, à pas égal,
Épris de même fantaisie,
Amoureux du même idéal !

III

LA MER ET LE PAPILLON

AU DOCTEUR FILLEAU

Sur la vague verte
Quel est ce point blanc ?
Est-ce, l'aile ouverte,
Quelque Goëland ?

Est-ce un jet d'écume
Qui s'effrite au vent,
Semant dans la brume
Ses flocons d'argent ?

La vierge tricotte
Là-haut. Est-ce un brin

De laine qui flotte
Au souffle marin ?

Ou de sa quenouille
Est-ce un fil pendant
Qui traîne, et se mouille
Au gouffre béant ?

Non, chassé naguère
Par un tourbillon
Qui soufflait de terre,
C'est un papillon.

Un papillon frêle,
Qui, né le matin,
Reposait son aile
Aux fleurs du chemin.

Surpris, il admire
Le mouvant tableau ;
Heureux, il respire
Les senteurs de l'eau.

« La belle prairie,
Et large, vraiment !
Comme elle est fleurie
De vert et de blanc ».

LA MER ET LE PAPILLON

« Tiens, des marguerites !
Je vais me poser !
Laissez-moi, petites,
Vous prendre un baiser ».

Mais le doux mirage
Qui soudain a fui
Plus loin du rivage
L'entraîne avec lui.

Il la suit. Il vague
Au gré du désir :
Les fleurs de la vague
Qui peut les cueillir ? —

Insensé, regarde,
C'est la grande mer.
Tu vas, prends-y garde,
Choir au gouffre amer !..

Ainsi dans l'espace
— Inutile essor ! —
Mon aile se lasse
Sans trouver le bord ;

Sans trouver la route :
Bouée ou fanal.

Partout, c'est le doute,
Partout, c'est le mal.

Voyage funeste,
Sans but, ni retour.
Un seul port nous reste,
Un seul, c'est l'amour !

Le Hâvre, août 1885.

IV

BLUE KISSES

Viens dans les bois, viens, Lisette.
Si tu veux à ton corset
Un brin d'herbe, une fleurette,
Nous cueillerons du muguet.

Viens dans les blés, viens, Lisette.
Si tu veux à ton capet
Une guirlande, une aigrette,
Nous cueillerons du bleuet.

Mais ta jeunesse fleuronne
Plus verte que les muguets,
Et tes baisers, ma mignonne,
Sont plus bleus que les bleuets.

5 avril 1885.

V

MÉDITATION

Pour faire suite à la fable des deux ruisseaux.

A MADEMOISELLE C. LANDAIS.

La fin, dis-tu ? non pas. Vivre différemment,
    C'est vivre encore, sûrement.
Quoi ! parce que tes eaux rencontrent dans leur course
Un fleuve descendu d'une plus large source,
    Tu te perdrais dans le néant !
    O le langage d'un enfant !
Hier, tu manquais de nom : on t'appelait l'aubette,
L'aubette du moulin, toujours vive, coquette,
Mais qui ne pouvait pas, modeste ruisselet,
    Porter le moindre batelet !
Et voilà maintenant que tu deviens la Seine !

Tu mènes des vaisseaux au travers de la plaine.
Regarde. L'eau jaillit sous les lourds avirons ;
    Et là-bas, cette voile blanche,
      Qui se penche,
Semble glisser au ras des flottantes moissons.
    Ce soir, tu grossiras la Manche,
La mer, vers qui toute urne, à travers champs, s'épanche,
Verte, au gré du zéphir, noire, au gré de l'autan.
    Demain, tu seras l'Océan !
    Et puis, emporté par les brises
    Au-dessus des falaises grises,
Qui sait ? tu t'en iras peut-être un de ces jours,
Dans un rais de soleil, au pays de l'orage.
    Quel est, là-bas, ce gros nuage
Noir, avec un reflet d'argent sur ses contours,
Qui, poussé par le vent, file vers la montagne ?
Il promène son ombre à travers la campagne.
    Tout à coup le tonnerre luit
Au milieu des horreurs d'une soudaine nuit
Que percent, tout là-haut, dans l'azur, quelques cîmes.
L'eau tombe, et la montagne emplit ses noirs abîmes.
    Et maintenant, petit ruisseau,
Tu vas jaillir peut-être et couler à nouveau,
En un lit festonné de pervenche et de lierre,
    Aux lieux qui furent ton berceau.
    Ainsi *la fin de la carrière,*
    Non, non, *ce n'est pas la rivière :*
    La carrière ne finit pas.

Nous la recommençons sans cesse, pas à pas,
Aujourd'hui dans le deuil et demain dans la fête,
Les hommes, les ruisseaux : éternel branle-bas !
Présents ou disparus, accalmie ou tempête,
Qu'importe ?
        Que des Cieux la volonté soit faite !

VI

PROVERBE

> Trois choses dont il n'est pas possible
> de retrouver la trace : Le passage de
> l'oiseau dans l'air, du poisson dans
> l'eau, de l'amour dans l'homme.
> (*Les Proverbes.*)

A MON CAMARADE MICHEL BRÉAL

Dans les airs nage l'oisillon,
Le poisson vole au sein des ondes.
Allez, si vous pouvez retrouver le sillon
Qu'y tracent en passant leurs courses vagabondes.
Dans les airs nage l'oisillon,
Le poisson vole au sein des ondes.

Au renouveau de la saison,
La couleuvre coule en cachette
    Sous le gazon,
Sans obliger la moindre pâquerette
    A rajuster sa collerette.
    Au renouveau de la saison
La couleuvre coule en cachette
    Sous le gazon.

Plaisir et peine, tout s'efface !
Mais le cœur en garde la trace
Et le sillon peut se rouvrir.
Non, Salomon, malgré tes vieux proverbes,
Nos âmes ne sont pas comme les hautes herbes,
    Ni comme les vagues superbes
    Où tout glisse au gré du zéphir !
D'une félicité, prompte à s'évanouir,
Rit au milieu des pleurs le tendre souvenir.
    Plaisir et peine, tout s'efface !
    Mais le cœur en garde la trace.

VII

JEHAN

A M. PAUL D'ESTRIBAUD
A MADAME FRÉDÉRIC BEX
*Qui ont donné à cette poésie le charme d'une
musique exquise, exquisement interprétée.*

Pleurez, nymphes des eaux, pleurez ! Le Troubadour
A le cœur féru d'amour !

Assis au pied du gros arbre,
A la source du ruisseau,
Que fait Jehan ? Blanc comme un marbre,
Il regarde couler l'eau.
Sur la main gauche il incline
Tristement son front rêveur.

La droite tient une fleur,
Un brin de fleur d'églantine.

Pleurez, nymphes des eaux, pleurez ! Le Troubadour
A le cœur féru d'amour !

Il dort, qui sait ? non, il songe,
Il songe au serment trahi,
A l'infidèle ! au mensonge
Du bonheur évanoui.
Et soudain, saisi de rage,
Debout, il lance au courant
Qui l'emporte en murmurant,
La petite fleur sauvage.

Pleurez, nymphes des eaux, pleurez ! Le Troubadour
A le cœur féru d'amour !

Au fil de l'eau qui tournoie,
Et s'enfuit vers les étangs,
La pauvre fleur qui se noie,
Sème ses pétales blancs.
Et Jehan crie : onde cruelle,
Qui me prends ma chère fleur,

Tiens, emporte aussi mon cœur !
Puisqu'il est brisé comme elle.

Pleurez, nymphes des eaux, pleurez ! Le Troubadour
N'a pu survivre à son amour.

Juillet 1885.

VIII

EROS

TRAGÉDIE LYRIQUE

(Introduction)

A M. ANTONIN LEFÈVRE-PONTALIS

NAÏS

Phœbé! Phœbé! Phœbé! fille du roi des dieux,
Sœur de Phœbus le blond, toi, la déesse blonde!
Jette les yeux sur moi; protège moi. Seconde
Mes efforts contre un Dieu puissant, malicieux.
Seule, tu l'as vaincu, parmi les immortelles;
Je veux le vaincre aussi! Sauve-moi du méchant :
Sans cesse autour de moi j'entends battre ses ailes,
Et ses traits résonner dans son carquois d'argent.

LE CHOEUR

Telle, aux matins d'avril, une abeille friande,
Butine à travers champs son odorant butin,

Dans le creux des rochers où fleurit la lavande,
Au bord des sentiers bleus, que parfume le thym.

NAIS

Ma mère, hélas! n'est plus; veille sur ma faiblesse.
Chaque jour je ferai des chapelets de fleurs
Pour ce marbre sacré, ton image, ô Déesse.
Le soir, sous tes rayons, je mènerai les chœurs,
Et la main dans la main, mes folâtres compagnes.
La tête renversée et le pied en avant,
Jetteront, en dansant, à l'écho des montagnes
L'hymne dont tu m'appris et les vers et le chant.

LE CHŒUR

Ni la blonde Palès, ni la brune Pomone,
Ni Cybèle, ma mère, et son antique époux,
N'auront sur leurs autels, o fille de Latone
Bouquets plus frais cueillis, fruits plus beaux, lait plus doux.

NAIS

Mais ne ménage pas cet enfant redoutable!
Et quand tu le verras, à l'entour voletant,
Tirer de son carquois un dard inévitable,
Et sur son petit arc le poser en riant,
Viens vite. D'une main, saisis-le par les ailes,
Malgré ses pleurs. De l'autre, ô Reine de nos bois,
Arrache-lui son arc, aux blessures mortelles,
Et dans le lac profond vide lui son carquois.

LE CHOEUR

Ainsi puisse le chœur des petites étoiles
Escorter dans l'éther ton char silencieux,
Et ton flambeau divin, guide des blanches voiles,
Epandre sur les mers un jour mystérieux !

IX

AU PAYS

. . . .
Maintenant la maison est triste. La fauvette
Revient tous les avrils. Ce sont les mêmes chants.
Mais pour les écouter, où sont tous les enfants
Qui guettaient son retour, et qui lui faisaient fête ?

Pauvres oiseaux ! L'hiver, nous faisions de moitié,
En goûtant ; les pinsons et les bergeronnettes
Se posaient près de nous, attentifs aux miettes...
Mais, qu'importe après tout ? d'autres en ont pitié.

Rien ne change ici-bas, rien que nous. Dans le lierre
Viennent soir et matin s'ébattre les moineaux.
Le figuier, obstruant la cour de ses rameaux,
De ses beaux fruits trop mûrs jonche à l'entour la terre.

C'est le même soleil, les mêmes horizons !
Les mêmes fossés verts autour des moissons blondes ;
Et les mêmes roseaux au bord des mêmes ondes,
Et les grands cyprès noirs, et les blanches maisons,

Et le vague relief des bleuâtres alpines !
Dans son lit trop étroit, le vieux Rhône écumeux
Se soulève en grondant, et, taureau furieux,
Heurte le sol sacré de ses cornes divines !

Août 1876.

X

SUR UNE VUE DU VILLAGE D'AUVERS

Par DAUBIGNY

A Mme VALENTINE CLAPISSON

Mon Dieu ! qu'il est joli ce village d'Auvers,
    Ainsi vu par les yeux du maître !
    Ces toits rouges, ces massifs verts,
    Ce pignon blanc, cette fenêtre...
    Et la mare aux reflets d'argent
    Où se mire le premier plan,
    Tout vous rit dans ce coin champêtre !
Tout est simplicité, sérénité, douceur,
    Plaisir des yeux, charme du cœur !
Comme on doit être heureux dans ce petit village !
    Mais, j'y pense, hélas ! quel dommage !
    Quel irréparable malheur !
    Pleurez, muses du paysage,
    Pleurez, Nymphes du voisinage,

Pleurez, Sylvains ! las ! le maître est parti...
Parti pour le dernier voyage !
L'atelier qu'il avait bâti,
Le verger, le petit bocage,
Tout est muet, les sentiers sont déserts !
Malheureux village d'Auvers,
Pendant que j'essayais, à tort et à travers,
De rimer tes rustiques charmes,
J'ai senti que ces quelques vers
Tout-à-coup se mouillaient de larmes.

Neuilly, 11 avril 1880.

XI

LE PELOTON ROSE
CONTE NOIR

A MON CAMARADE GEORGES PERROT
de l'Institut.

(Extrait d'un discours de distribution des prix.)

Il y avait une fois, non loin de Paris, au bord de la Seine, parmi les tilleuls et les peupliers, une bonne petite ville qui portait avec aisance le surnom de *La Jolie*, et qui n'en était pas plus fière pour ça. Dans cette bonne petite ville il y avait une bonne petite pension, tenue avec distinction par un maître aussi aimable que capable, et, dans cette pension, il y avait un élève que nous appellerons Jean, fils d'un riche fermier des environs.

Jean, passablement intelligent, mais absolument inappliqué, passait tout son temps à regarder voler les mouches. L'hiver, quand il n'y avait plus de mouches, il était plus désœuvré encore, et, tandis que ses camarades, le nez dans leurs livres, se récitaient à eux-mêmes leurs leçons du bout des lèvres, ou bien, à grands coups de dictionnaire, composaient avec art de petites mosaïques de mots latins ou de mots grecs, lui, accoudé sur son pupitre, la tête dans ses mains, se prenait à réfléchir : « Comme c'est ennuyeux, la pension ! toujours piocher, comme ils disent. Piocher le latin, piocher le grec ! ça ne fait pas pousser l'herbe ; autant vaudrait piocher la terre ! autant vaudrait garder la *Rousse* au bord des chemins : on est libre ; on cueille des noisettes ; on déniche des pinsons ; voilà le vrai bonheur !... »

Comme il en était là de ces réflexions judicieuses, son attention fut tout à coup attirée sur son encrier où semblait se produire un étrange phénomène.

C'était une bonne vieille écritoire en faïence blanche, ornée de dessins bleus, avec une grosse éponge au milieu et une demi-douzaine de plumes d'oie piquées tout autour.

Que se passait-il donc dans l'encrier de Jean ? l'encre s'agitait, bouillonnait ; une vapeur noirâtre en sortit avec une légère odeur de soufre, et tout à coup, en se dissipant, laissa voir une étrange petite figure d'un aspect moitié diabolique, moitié grotesque, une sorte de nain vêtu d'un habit à la française, coiffé d'un tricorne et appuyé sur une petite canne à bec de corbin, — ce qui dissimulait l'inégalité d'une de ses jambes, sensiblement plus courte que l'autre.

C'était le diable boiteux qui regardait avec ses yeux luisants et son sourire sarcastique le pauvre Jean terrifié.

« Jean, lui dit-il de sa petite voix grêle et cuivrée, Jean, tu es mécontent de ton sort, tu trouves les études trop longues, les récréations trop courtes ; tu voudrais devenir grand ? tiens, prends ce peloton. Quand l'heure présente t'ennuiera, tu n'auras qu'à tirer le fil, et l'avenir se fera pour toi plus ou moins vite, suivant que tu en tireras plus ou moins long ! c'est le fil de ta destinée.

Jean voulut ouvrir la bouche pour crier, mais la vision avait disparu, et, à la place de l'encrier par où Asmodée avait fait son entrée, se trouvait un gros peloton de fil rose que notre drôle s'empressa de serrer dans son pupitre.

Le maître n'avait rien vu, rien entendu, le diable n'ayant été visible que pour son petit protégé, mais il n'avait pas été sans s'apercevoir que Jean ne travaillait pas. « Jean, lui dit-il, je vous mets en retenue pour dimanche. » Ah ! se dit Jean, je voudrais être à la distribution des prix. Vivent les vacances !

Et tout à coup, songeant à son peloton et aux paroles d'Asmodée, il ouvrit son pupitre et tira le fil.

A l'instant la scène change. Il se trouve transporté dans la cour, sous une large tente, devant une compagnie aussi nombreuse que distinguée. Le président ouvre la bouche. C'était un ancien professeur de l'Université, qui, élevé à un poste plus honoré, sinon plus honorable, avait conservé au fond de son cœur, parmi les affaires multiples où il s'absorbait et se dépensait tous les jours, le goût des lettres et le culte de l'enseignement. Il fait entendre quelques paroles sans apprêt qui n'avaient guère d'autre mérite que l'intention.

Les prix sont proclamés : Jean n'en a pas.

C'est injuste ! s'écrie-t-il, et, comme il avait dans sa poche le précieux peloton, il tire le fil : nouvelle métamorphose. Jean a vingt ans ; il admire sa grande taille ; il frise ses moustaches ; il se regarde passer dans les devantures des boutiques. Mais on entend le son du tambour : ce sont les jeunes gens du pays qui viennent le chercher pour le tirage au sort. Faisons bonne contenance, se dit-il, et il amène le numéro 1. Moi, soldat, ma foi non ! et il tire le fil. Cinq ans se sont écoulés. Le voilà marié, installé avec sa femme au milieu de ses parents. Maintenant, pense-t-il, rien ne me manquerait pour être heureux si j'avais des enfants.

Où est mon peloton ? Il tire sans regarder. Mais au moment où une petite fille rose et blanche accourt se jeter dans ses bras, on entend de grands cris dans la chambre au-dessus : son père venait de mourir. Jean fut fort affligé, car il avait conservé un bon cœur ; mais les caresses de son enfant le consolèrent. Mon Dieu ! lui dit-il un jour, que je voudrais te voir grande, que je voudrais te voir mariée ! et il va chercher le peloton ; mais, frappé de la diminution de son volume, il se mit à l'examiner, et, pour la première fois, les changements successifs qu'il avait remarqués dans la couleur du fil, sans y attacher de l'importance, lui revinrent à la mémoire. Diable ! fit-il, d'abord il était rose, puis vert, puis jaune, puis lilas ; maintenant le voilà violet, et d'un violet de plus en plus sombre. Et là-dessus il s'arrêta tout pensif.

Jean, s'écria tout à coup sa femme en accourant, notre fille est malade ; le médecin vient de la voir, ce sera long, très long, six mois peut-être ! mais elle guérira.

Oh ! qu'elle guérisse tout de suite, pensa le pauvre Jean, et il tire le fil sans marchander : la couleur noire apparaît, et il tombe à la renverse en lâchant le peloton.

Tiens, tiens, tiens ! dit Asmodée en ricanant dans son coin, il a vécu onze jours, celui-là !

Mes enfants, soyez des enfants ! Combien en ai-je

connu qui, pour n'avoir pas voulu être des enfants, n'ont jamais réussi à être des hommes : *Ne tirez pas le fil.* Ne brusquez pas vos études, ne brusquez pas vos examens, ne brusquez pas la vie. Le fil en est rose ; oh ! qu'il reste rose le plus longtemps possible !

Ne tirez pas, je vous en supplie, *ne tirez jamais le fil.*

TABLE

Préface I
Dédicace I

LIVRE PREMIER

I. La cruche 9
II. Le cartel et la guitare 13
III. Le cheval et l'âne se rendant en pèlerinage à la Mecque 17
IV. Moutons et chiens 21
V. Le mistral et le nuage 27
VI. La luciole 31
VII. L'hirondelle et le rossignol 33
VIII. La vague et l'étoile 36
IX. Simplette, ou la jeune fille et le martin-pêcheur . 39
X. Le volcan et la montagne 43
XI. Le rossignol et les crapauds 47
XII. Les deux ruisseaux 51

LIVRE II.

I.	La revanche de la cigale	57
II.	La revanche de la fourmi.	62
III.	La sensitive et le mimosa	65
IV.	Les deux chiens.	69
V.	Babé et Ninon	75
VI.	Le cheval et l'olivier	79
VII.	L'aigle, l'ours, le loup et le moineau. . . .	85
VIII.	Le ruisseau et le petit caillou	91
IX.	L'enfant et la cigale	93
X.	L'amandier et le pêcher	97
XI.	Polichinelle et Apollon.	101
XII.	Les lapins	105

LIVRE III.

I.	Sursum corda	111
II.	Les deux chasseurs et le faisan	113
III.	Le pêcheur en eau trouble	117
IV.	Les principes	121
V.	La brebis et l'agneau	123
VI.	Le clocher et le château	127
VII.	L'obus et le liseron	131
VIII.	L'épi et le bleuet	137
IX.	L'éventail	140
X.	La pluie et le soleil	143
XI.	Les deux zéphirs	147
XII.	Les deux pigeons et le seigneur	153

LIVRE IV.

I.	Les perdreaux	159
II.	L'accacia et le peuplier.	166
III.	Le paradis retrouvé	186

TABLE

IV.	Le goéland et le corbeau	181
V.	Les bœufs	174
VI.	La sauterelle et le grillon	170
VII.	Le réverbère et le cierge, ou le progrès des lumières	177
VIII.	Le moulin	189
IX.	Le rat et l'huître	195
X.	Le lapin et les petits oiseaux	199
XI.	La Durance et le paysan	210
XII.	Peintre et meunier	205
Épilogue		213

VARIA

I.	Remembrance	219
II.	Boutade	221
III.	La mer et le papillon	223
IV.	Blue Kisses	227
V.	Méditation	228
VI.	Proverbe	231
VII.	Jehan	233
VIII.	Eros	236
IX.	Au pays	239
X.	Sur une vue du village d'Auvers, par Daubigny.	241
XI.	Le peloton rose, conte noir	243

ÉVREUX, IMPRIMERIE DE CHARLES HÉRISSEY

ÉVREUX, IMPRIMERIE DE CHARLES HÉRISSEY

www.ingramcontent.com/pod-product-compliance
Lightning Source LLC
Chambersburg PA
CBHW070821170426
43200CB00007B/859